LEITFADEN ZUR RUHESTANDSPLANUNG FÜR ANFÄNGER

Einfach, intelligent und bereit für Ihre besten Jahre

Von

MAXWELL REED

Copyright © 2024 von MAXWELL REED

Alle Rechte vorbehalten. Kein Teil dieser Veröffentlichung darf ohne schriftliche Genehmigung des Herausgebers in irgendeiner Form oder mit irgendwelchen Mitteln, sei es elektronisch, mechanisch, durch Fotokopieren, Aufzeichnen, Scannen oder auf andere Weise, reproduziert, gespeichert oder übertragen werden. Es ist illegal, dieses Buch ohne Genehmigung zu kopieren, auf einer Website zu veröffentlichen oder auf andere Weise zu verbreiten, mit Ausnahme von kurzen Zitaten in Rezensionen.

INHALTSVERZEICHNIS

EINFÜHRUNG 1
DIE REISE BEGINNT 5
    Den Ruhestand in jedem Alter verstehen 6
    Es ist nie zu früh (oder zu spät!) 8
    Warum die meisten Menschen den Ruhestand falsch planen 11
WAS RUHESTAND FÜR SIE BEDEUTET 15
    Definieren Sie Ihre perfekte Zukunft 16
    Entlarvung der Ruhestandsmythen, die Sie schon immer gehört haben 18
    Wie der Lebensstil Ihren Sparplan prägt 22
Wie viel ist genug? 26
    Den Mythos der „magischen Zahl" zerschlagen 27
    Realistische finanzielle Ziele setzen 30
    Erstellen Sie einen Plan, der zu Ihrem Leben passt... 33
BAUEN SIE IHRE FESTUNG FÜR DEN RUHESTAND.. 39
    Die Macht des Zinseszinses: Ihr bester Freund 40
    Die Kunst der Diversifizierung: Was wirklich funktioniert 43
    Navigieren durch Aktien, Anleihen und andere Anlagen (ohne Fachjargon!) 48
IHR 401(K), IRA und darüber hinaus 53
Verborgene Schätze freischalten 53
    Arbeitgebervorteile optimal nutzen 54

IRAs: Ihr personalisiertes Altersvorsorgefahrzeug. 58
Die Magie der Matching-Beiträge und
Steuervergünstigungen..62
WIE MAN DEM GRÖSSTEN FEHLER AUSWEICHT. 70
Vermeiden Sie die Fallstricke, die Einsparungen
sabotieren.. 70
Finanzielle Fallen erkennen und lernen, sie zu
umgehen.. 73
Die emotionale Seite der Ruhestandsplanung:
Stress fernhalten..76
**Maximieren Sie Ihre Einkommensströme im
Ruhestand...80**
Soziale Sicherheit entmystifiziert............................ 81
Passives Einkommen und alternative Strategien:
Über das Offensichtliche hinaus denken................ 84
Erstellen von Backup-Plänen – Sicherheitsnetze, die
funktionieren... 88
DER FAKTOR ZEIT..93
Wann sollten Sie in Rente gehen?...........................93
Vorruhestand vs. verspäteter Ruhestand: Vor- und
Nachteile sowie Überraschungen........................... 94
Der Altersfaktor: Wie sich das Timing auf Ihre
Ersparnisse auswirkt... 97
Was tun, wenn das Leben einen Curveball wirft?. 101
ANPASSUNG AN DAS UNBEKANNTE....................106
Vorbereitung auf Gesundheitskosten: Realität, keine
Panikmache... 107
Schützen Sie Ihren Ruhestand vor Inflation..........110
Mit unerwarteten Lebensereignissen souverän
umgehen.. 114

Damit Ihr Geld lange hält...118
Die Exit-Strategie.. 118
    Wie man mit Bedacht Geld ausgibt, ohne auf Komfort zu verzichten.. 119
    Auszahlungsstrategien: Ersparnisse richtig ausschöpfen... 122
    Schützen Sie Ihren Notgroschen: Einfache Schritte für ein langes Leben... 126

LEBEN SIE IHR BESTES LEBEN NACH DER RUHE.... 131
    So schaffen Sie einen Lebensstil, den Sie lieben werden, ohne sich um Geld zu sorgen................. 132
    Erfolgreich im Ruhestand: Mehr als nur finanzielle Sicherheit... 135
    Der Ruhestand ist nicht das Ende, sondern das nächste Abenteuer...139

IHR PERSONALISIERTER AKTIONSPLAN............ 144
Auf die Plätze, fertig, in den Ruhestand................ 144
    Eine Schritt-für-Schritt-Checkliste für den sofortigen Einstieg.. 145
    Sich an den Plan halten (und was zu tun ist, wenn Anpassungen erforderlich sind)......................... 150
    Bauen Sie Vertrauen in Ihre finanzielle Zukunft auf.... 154

EINFÜHRUNG

Ruhestand. Allein das Wort allein kann gemischte Emotionen hervorrufen. Für manche ist es der Traum von endlosen Ferien, Faulenzen an sonnenverwöhnten Stränden oder mehr Zeit mit der Familie. Für andere ist es ein schattenhaftes Konzept, etwas, mit dem sie sich „später befassen", fast wie ein ungelöstes Rätsel, das am Ende ihrer Arbeitsjahre auf sie wartet. Aber was wäre, wenn ich Ihnen sagen würde, dass der Ruhestand weder das Ende noch ein schwer fassbares Geheimnis ist? Was wäre, wenn es der Beginn von etwas sein könnte, das Sie sich schon immer gewünscht haben, sich aber nie ganz vorstellen konnten?

Sie haben dieses Buch vielleicht aus Neugier oder vielleicht auch aus Notwendigkeit in die Hand genommen, aber was auch immer Sie hierher geführt hat, eines sollten Sie wissen: Sie lesen nicht nur einen weiteren allgemeinen Ratgeber voller Zahlen und langweiligem Fachjargon.

Dieses Buch ist eine Reise – Ihre Reise. Und im Moment stehen Sie am Anfang dieses Weges, egal, ob Sie in Ihren Zwanzigern sind und Ihnen der Ruhestand wie eine ferne Vorstellung vorkommt, oder ob Sie in Ihren Fünfzigern sind und sich fragen, ob Sie genug gespart haben.

Aber vergessen wir für einen Moment die Ängste und die komplizierten Tabellenkalkulationen. Lasst uns innehalten. Atmen Sie tief ein. In diesem Buch geht es nicht darum, sich in Ängsten oder dem Bedauern über das, was man noch nicht getan hat, zu verzetteln. Es geht um Ermächtigung. Es geht darum, Ihre Vision für die Zukunft zu entwickeln, die perfekt zu Ihnen passt. Denn hier ist die Wahrheit: Der Ruhestand ist keine Einheitslösung. Es ist so einzigartig wie Sie.

Man hat Ihnen alles Mögliche über den Ruhestand erzählt. Beginnen Sie frühzeitig mit dem Sparen. Holen Sie sich diese magische Zahl. Verlassen Sie sich nicht auf die Sozialversicherung. Investieren Sie in dieses, vermeiden Sie jenes. Es gibt so viel Lärm da draußen, dass man sich leicht überfordert fühlt. Aber was wäre, wenn die Ruhestandsplanung kein Kampf sein müsste? Was wäre, wenn es tatsächlich spannend sein könnte?

Auf diesen Seiten werde ich die Komplexität des Ruhestands auf sinnvolle Weise aufschlüsseln. Wir decken die verborgenen Schätze auf, die die meisten Menschen übersehen, und erarbeiten gemeinsam einen Plan, der Sie nicht nur durch den Ruhestand bringt, sondern Ihnen auch dabei hilft, darin erfolgreich zu sein. Betrachten Sie dieses Buch als Ihren guten Leitfaden für den Ruhestand. Statt trockener Anweisungen ist es voller kreativer Abkürzungen, aufschlussreicher Umwege und inspirierender Ausblicke auf dem Weg. Und alles ist so aufbereitet, dass jeder – egal ob 12, 35 oder 60 – es verstehen kann.

Kein Warten mehr auf den „richtigen Zeitpunkt". Dies ist Ihre Zeit. Das Geheimnis liegt nicht darin, wann man anfängt; Es ist einfach so, dass man anfängt. Im Augenblick. Ganz gleich, ob Sie bei Null anfangen oder bereits ein paar Dinge vor sich haben, dieses Buch wird Sie dort abholen, wo Sie stehen, und Ihnen dabei helfen, die Zukunft zu gestalten, die Sie verdienen.

Der Ruhestand ist kein Ziel mehr. Es ist das Tor zu Ihrem nächsten Abenteuer. Und das Beste daran? Sie können entscheiden, wie sich das Abenteuer entwickelt.

Also, blättern Sie um. Fangen wir an.

DIE REISE BEGINNT

Der Ruhestand könnte sich wie etwas anfühlen, das weit in der Zukunft liegt, etwas, das einer viel älteren Version von dir selbst vorbehalten ist. Aber die Wahrheit ist, dass der Weg in den Ruhestand nicht erst mit 60 beginnt, sondern viel früher. Ganz gleich, wo Sie sich gerade im Leben befinden: Je früher Sie mit der Planung beginnen, desto reibungsloser wird Ihr Weg verlaufen. Und machen Sie sich auch keine Sorgen, wenn Sie zu spät zur Party kommen. Jeder Schritt, den du jetzt machst, wird zählen.

Bei der Ruhestandsplanung geht es nicht nur darum, Geld zu sparen, sondern auch darum, sicherzustellen, dass Sie zu gegebener Zeit die Freiheit haben, Ihr Leben nach Ihren eigenen Vorstellungen zu leben. Egal, ob Sie ein Teenager sind, der gerade seinen ersten Job antritt, oder jemand Mitte 40, der versucht, alles zu verstehen: Es kann einen großen Unterschied machen, zu verstehen, wie wichtig es ist, jetzt anzufangen.

Den Ruhestand in jedem Alter verstehen

Die meisten Menschen denken, dass Ruhestandsplanung etwas ist, worüber man sich erst im Alter von 40 oder 50 Gedanken machen sollte. Das ist ein großes Missverständnis. Die Realität ist, dass die Ruhestandsplanung wie das Pflanzen eines Baumes ist – je früher man es tut, desto stärker wächst er. Aber auch wenn Sie ihn später pflanzen, kann er mit der richtigen Pflege noch gedeihen. Lassen Sie es uns also so aufschlüsseln, dass es Sinn macht, egal wie alt Sie sind.

Wenn Sie jung sind, haben Sie wahrscheinlich viel im Kopf: Ausbildung, Berufseinstieg, vielleicht sogar die Frage, in welche Richtung Ihr Leben gehen soll. Die Ruhestandsplanung ist wahrscheinlich das Letzte auf Ihrer To-Do-Liste, aber glauben Sie mir, selbst eine kleine Anstrengung im Moment kann Sie auf etwas Großes in der Zukunft vorbereiten. Stellen Sie sich vor, Sie sind 30 Jahre alt und haben bereits einen beträchtlichen Teil gespart, weil Sie mit dem Sparen begonnen haben, als Sie mit 18 Ihren ersten Gehaltsscheck bekamen. Es braucht nicht viel - nur kleine, regelmäßige Beiträge - und schon haben Sie die Nase vorn . Was die Reise in jungen Jahren angenehmer macht, ist der Luxus der Zeit. Die Kraft des Zinseszinses ist wie eine magische Zutat, die hinter den Kulissen wirkt und Ihr Geld im Alltag vervielfacht.

Aber was ist, wenn Sie nicht mehr jung sind und noch nicht mit der Planung begonnen haben? Lassen Sie mich Sie beruhigen: Es ist noch nicht zu spät. Sicher, die Reise könnte etwas steiler sein, aber das bedeutet nicht, dass sie unmöglich ist. Denken Sie daran: Jeder Dollar, den Sie heute sparen, kommt Ihnen morgen zugute. Auch wenn Sie in den Vierzigern oder Fünfzigern sind, kann es zu einem glücklichen Ruhestand führen, wenn Sie jetzt die Ruhestandsplanung zur Priorität machen.

Wenn Sie sich nun dem Rentenalter nähern und keinen klaren Plan haben, geraten Sie nicht in Panik. Es ist leicht, sich überfordert zu fühlen, aber es ist wichtig, sich daran zu erinnern, dass es nie zu spät ist, die Kontrolle über Ihre

Finanzen zu übernehmen. Sie haben immer noch Zeit, sinnvolle Änderungen vorzunehmen. Das kann bedeuten, dass Sie Ihre Sparbeiträge erhöhen, neue Anlagemöglichkeiten erkunden oder sogar den Ruhestand hinauszögern, um Ihre finanzielle Sicherheit zu erhöhen. Der Schlüssel liegt darin, den ersten Schritt zu tun: sich bewusst zu machen, wo man steht, und einen Plan für das weitere Vorgehen zu schmieden.

Es ist nie zu früh (oder zu spät!)

Wenn es um die Ruhestandsplanung geht, kommt es auf das richtige Timing an. Viele Menschen glauben fälschlicherweise, dass sie an einem bestimmten Punkt im Leben sein müssen, bevor sie mit dem Sparen für den Ruhestand beginnen können. Die Wahrheit ist, dass es nie zu früh – oder zu spät – ist, mit der Planung zu beginnen. Jede Phase Ihres Lebens bietet einzigartige Möglichkeiten, Entscheidungen zu treffen, die Ihnen langfristig zugute kommen.

Wenn Sie gerade erst mit Ihrer Karriere beginnen, bedenken Sie Folgendes: Jeder Dollar, den Sie jetzt sparen, kann erhebliche Auswirkungen auf Ihre Zukunft haben. Selbst wenn Sie jeden Monat nur einen kleinen Betrag beiseite legen können, summiert sich dieser mit der Zeit. Hier kommt das Konzept des Zinseszinses ins Spiel. Im Wesentlichen bedeutet Zinseszins, dass die Zinsen, die Sie auf Ihre Ersparnisse verdienen, eigene Zinsen generieren. Im Laufe der Jahre kann dies zu einem exponentiellen Wachstum Ihrer Ersparnisse führen. Lassen Sie sich also nicht entmutigen, wenn Sie nicht sofort viel sparen können. Klein anzufangen kann später zu großen Ergebnissen führen.

Aber was ist, wenn Sie dieses frühe Stadium bereits hinter sich haben? Vielleicht sind Sie in den Dreißigern oder Vierzigern und haben das Gefühl, den Anschluss an die Altersvorsorge verpasst zu haben. Seien Sie versichert, es ist noch nicht zu spät. Viele Menschen in dieser Altersgruppe sind besser in der Lage zu sparen, als ihnen bewusst ist. Wenn Sie über ein stabiles

Einkommen verfügen und Ihre Ausgaben überschaubar sind, sollten Sie über eine Erhöhung Ihrer Rentenbeiträge nachdenken. Dies könnte bedeuten, dass Sie Ihre vom Arbeitgeber geförderten Altersvorsorgepläne voll ausschöpfen oder zusätzliche Investitionsmöglichkeiten wie Roth IRAs erkunden.

Es ist auch wichtig zu erkennen, dass Veränderungen im Leben, wie Heirat, Scheidung oder die Geburt von Kindern, Auswirkungen auf Ihre Ruhestandsstrategie haben können. Wenn Sie mit diesen Übergängen zurechtkommen, nehmen Sie sich die Zeit, Ihre finanzielle Situation zu bewerten und Ihre Pläne entsprechend anzupassen. Das Schöne an der Ruhestandsplanung ist, dass sie flexibel ist. Es kann sich an Ihre Lebensumstände anpassen. Zögern Sie also nicht, Ihre Ziele zu überdenken und notwendige Änderungen vorzunehmen.

Wer sich dem Rentenalter nähert, hat leicht das Gefühl, dass die Zeit knapp wird. Vielleicht befürchten Sie, dass Sie nicht genug gespart haben, aber denken Sie daran: Jeder Schritt, den Sie jetzt unternehmen, kann einen Unterschied machen. Erwägen Sie, den Ruhestand um einige Jahre zu verschieben, damit Ihre Ersparnisse mehr Zeit zum Wachsen haben. Oder erkunden Sie Möglichkeiten, die Ausgaben zu senken und diese Mittel in Ihre Altersvorsorge umzuleiten. Es geht darum, die richtige Balance zu finden und fundierte Entscheidungen zu treffen, die Ihren Zielen entsprechen.

Warum die meisten Menschen den Ruhestand falsch planen

Trotz der Fülle an verfügbaren Informationen zur Ruhestandsplanung sind viele Menschen immer noch nicht auf diesen entscheidenden Lebensabschnitt vorbereitet. Warum also gehen so viele Menschen falsch in den Ruhestand? Eine der größten Gefahren ist die Tendenz, den Geldbetrag zu unterschätzen, der für einen komfortablen Ruhestand erforderlich ist. Viele Menschen glauben, dass sie sich ausschließlich auf Sozialversicherungsleistungen verlassen können, diese reichen jedoch häufig nicht aus, um die Lebenshaltungskosten zu decken. Es ist wichtig, dass Sie Ihre finanziellen Bedürfnisse im Ruhestand realistisch betrachten und entsprechend planen.

Ein weiterer häufiger Fehler ist das Aufschieben. Das Leben ist hektisch und es ist leicht, die Ruhestandsplanung auf die lange Bank zu schieben, weil man denkt, dass man später genug Zeit hat, sich damit auseinanderzusetzen. Je länger Sie jedoch warten, desto schwieriger wird es, aufzuholen. Wenn Sie Ihre Ersparnisse hinauszögern, entgehen Ihnen wertvolle Zinseszinsjahre, und diese verlorenen Jahre können sich im Laufe der Zeit zu einer erheblichen Geldsumme summieren.

Darüber hinaus nutzen viele Menschen keine arbeitgeberfinanzierten Altersvorsorgepläne wie 401(k)s, die oft mit entsprechenden Beiträgen verbunden sind. Dabei handelt es sich im Wesentlichen um kostenloses Geld, das Ihre Ersparnisse erheblich steigern kann. Wenn Sie nicht zu diesen Plänen beitragen, ist das so, als würden Sie Geld auf dem Tisch liegen lassen. Es ist wichtig, die Vorteile dieser Konten zu verstehen und sie im Rahmen Ihrer Ruhestandsstrategie optimal zu nutzen.

Schließlich kann ein Mangel an Finanzkenntnissen zu schlechten Ruhestandsentscheidungen führen. Viele Menschen sind mit Anlagemöglichkeiten, Sparstrategien oder dem Aufbau eines diversifizierten Portfolios nicht vertraut. Dies kann zu verpassten Chancen und kostspieligen Fehlern führen. Es ist wichtig, sich über die Ruhestandsplanung zu informieren, sei es durch Bücher, Online-Ressourcen oder sogar durch die Beratung eines Finanzberaters. Je mehr Sie wissen, desto besser können Sie fundierte Entscheidungen treffen, die Ihren Zielen entsprechen.

Denken Sie bei der Planung Ihrer Altersvorsorge daran, dass es sich um einen Prozess handelt, der sorgfältige Überlegungen und proaktive Maßnahmen erfordert. Wenn Sie verstehen, wie wichtig es ist, jetzt zu beginnen, die Flexibilität

Ihres Zeitplans zu nutzen und häufige Fallstricke zu vermeiden, sind Sie auf dem besten Weg zu einem erfolgreichen und erfüllten Ruhestand. Auf dieser Reise geht es um mehr als nur Zahlen; Es geht darum, ein Leben zu gestalten, das man liebt und voller Erfahrungen und Möglichkeiten ist. Atmen Sie tief durch, legen Sie Ihre Absichten fest und beginnen Sie Ihre Reise in einen sicheren und freudigen Ruhestand. Der beste Startzeitpunkt war gestern; Der nächstbeste Zeitpunkt ist jetzt.

WAS RUHESTAND FÜR SIE BEDEUTET

Ruhestand ist ein Konzept, das eine Vielzahl von Emotionen und Vorstellungen hervorruft, die von Person zu Person oft sehr unterschiedlich sind. Für einige symbolisiert es eine lang ersehnte Freiheit vom Arbeitsalltag, während es für andere möglicherweise Unsicherheit oder Angst vor der Zukunft darstellt. Zu verstehen, was der Ruhestand für Sie wirklich bedeutet, ist ein entscheidender Schritt im Planungsprozess. Es ist wichtig zu erkennen, dass der Ruhestand keine einheitliche Erfahrung ist; Stattdessen ist es eine zutiefst persönliche Reise, die von Ihren Wünschen, Werten und Lebensstilentscheidungen geprägt ist. In diesem Abschnitt erfahren Sie, wie Sie Ihre perfekte Ruhestandszukunft definieren, gängige Mythen entlarven, die Ihre Wahrnehmung trüben könnten, und hervorheben, wie Ihr Lebensstil Ihren Sparplan beeinflusst.

Definieren Sie Ihre perfekte Zukunft

Wenn wir über den Ruhestand nachdenken, ist es wichtig, dass wir uns zunächst fragen: Wie sieht es für mich aus? Die Antwort kann je nach individuellen Vorlieben, Träumen und Lebensumständen sehr unterschiedlich ausfallen. Für manche könnte der Ruhestand bedeuten, die Welt zu bereisen, neue Kulturen zu erkunden und exotische Speisen zu probieren. Für andere könnte es bedeuten, sich in einem gemütlichen Zuhause einzuleben, umgeben von Familie und Freunden, und Hobbys nachzugehen, die sie aufgrund beruflicher Verpflichtungen immer auf Eis gelegt haben. Es gibt keine richtige oder falsche Antwort; Es geht darum, zu definieren, was Sie wirklich anspricht.

Beginnen Sie mit der Visualisierung Ihres idealen Ruhestandsszenarios. An welchen Aktivitäten möchten Sie teilnehmen? Denken Sie darüber nach, sich ehrenamtlich zu engagieren, im Garten zu arbeiten oder ein kleines Unternehmen zu gründen? Vielleicht stellen Sie sich vor, mehr Zeit mit Ihren Enkelkindern zu verbringen, Kunstunterricht zu nehmen oder einfach nur ruhige Abende beim Lesen von Büchern zu genießen. Nehmen Sie sich etwas Zeit, um über Ihre Interessen und Leidenschaften nachzudenken. Schreiben Sie Ihre Gedanken auf. Diese Übung wird Ihnen helfen, Klarheit darüber zu gewinnen, was Sie im Ruhestand erreichen möchten.

Berücksichtigen Sie außerdem Ihre Werte. Was ist Ihnen am wichtigsten? Ist es Sicherheit, Abenteuer, Gemeinschaft oder persönliche Erfüllung? Das Verständnis Ihrer Grundwerte kann erheblichen Einfluss darauf haben, wie Sie sich Ihren Ruhestand vorstellen. Wenn Ihnen beispielsweise gemeinschaftliches Engagement wichtig ist, möchten Sie möglicherweise das Leben in einer Nachbarschaft priorisieren, in der Sie mit anderen in Kontakt treten und an lokalen Aktivitäten teilnehmen können. Wenn Abenteuer Ihre treibende Kraft ist, können Sie sich alternativ für eine Altersvorsorge entscheiden, die Mittel für Reisen und Erkundungen bereitstellt.

Es ist auch wichtig zu bedenken, dass sich der Ruhestand mit zunehmendem Alter ändern kann. Ihre Träume und Wünsche können sich weiterentwickeln, daher ist es wichtig, anpassungsfähig zu bleiben. Was Sie sich für Ihren Ruhestand in Ihren 50ern vorstellen, kann sich von Ihren Visionen in Ihren 70ern oder darüber hinaus unterscheiden. Das ist okay! Der Schlüssel liegt darin, Ihre Ziele regelmäßig zu überprüfen und bei Bedarf Anpassungen vorzunehmen. Diese Flexibilität ermöglicht es Ihnen, einen Ruhestandsplan zu erstellen, der Ihren sich entwickelnden Wünschen entspricht und letztendlich zu einem erfüllenderen Erlebnis führt.

Entlarvung der Ruhestandsmythen, die Sie schon immer gehört haben

Der Ruhestand ist oft von Mythen und Missverständnissen umgeben, die unser Verständnis und unsere Planungsbemühungen verzerren können. Nehmen wir uns einen Moment Zeit, um einige dieser weit verbreiteten

Rentenmythen zu entlarven, die möglicherweise in Ihrem Kopf herumschwirren und Sie daran hindern, mit Zuversicht und Klarheit in den Ruhestand zu gehen.

Ein weit verbreiteter Mythos ist die Vorstellung, dass der Ruhestand bedeutet, dass man nichts zu tun hat. Viele Menschen stellen sich den Ruhestand als eine Zeit voller Langeweile und Inaktivität vor. Die Realität ist jedoch genau das Gegenteil. Der Ruhestand kann eine Zeit des lebhaften Engagements, der Erkundung und des persönlichen Wachstums sein. Es ist eine Chance, Interessen und Hobbys nachzugehen, die Sie während Ihrer Berufsjahre möglicherweise aufgegeben haben. Der Schlüssel liegt darin, proaktiv einen erfüllten Ruhestandslebensstil zu schaffen, der Sie geistig und körperlich aktiv hält. Ganz gleich, ob Sie Clubs beitreten, an Kursen teilnehmen oder sich ehrenamtlich engagieren möchten – die Möglichkeiten sind endlos.

Ein weiteres häufiges Missverständnis ist, dass Sie Ihre Ausgaben nach dem Ruhestand drastisch reduzieren müssen. Es stimmt zwar, dass einige Ausgaben sinken können – etwa Fahrtkosten oder berufsbedingte Ausgaben –, andere können jedoch steigen. Beispielsweise können die Gesundheitskosten ein wesentlicher Faktor für Ihr Ruhestandsbudget sein. Darüber hinaus möchten Sie möglicherweise mehr reisen oder neuen Hobbys nachgehen, die mit eigenen Kosten verbunden sind. Anstatt davon auszugehen, dass Sie Ihre Ausgaben erheblich kürzen müssen, konzentrieren Sie sich auf die Erstellung eines realistischen Budgets, das Ihren gewünschten Lebensstil im Ruhestand widerspiegelt.

Es besteht auch die Überzeugung, dass die Sozialversicherung Ihren gesamten Ruhestandsbedarf abdeckt. Auch wenn die Sozialversicherung ein wertvolles Sicherheitsnetz bieten kann, reicht es nicht aus, sich darauf als einzige Einnahmequelle zu verlassen. Viele Menschen stellen fest, dass ihre Sozialversicherungsleistungen nur einen Teil ihrer Ausgaben im Ruhestand decken. Es ist wichtig, über zusätzliche Spar- und

Anlagestrategien zu verfügen, um sicherzustellen, dass Sie Ihren gewünschten Lebensstandard halten können.

Schließlich denken manche Menschen, dass sie es sich nicht leisten können, vorzeitig in Rente zu gehen oder sich eine Auszeit zu nehmen. Dieser Mythos kann zu unnötigem Stress und einer Zurückhaltung bei der Planung eines erfüllten Ruhestands führen. Die Wahrheit ist, dass es bei sorgfältiger Planung und klugen finanziellen Entscheidungen möglich ist, vorzeitig in den Ruhestand zu gehen oder während der gesamten Karriere eine Auszeit zu nehmen. Der Schlüssel liegt darin, einen Sparplan zu erstellen, der Ihren Zielen und Prioritäten entspricht. Dies erfordert möglicherweise frühzeitig Opfer, aber auf lange Sicht kann sich der Lohn durchaus lohnen.

Indem Sie diese Mythen entlarven, können Sie den Ruhestand mit einer neuen Perspektive und einem realistischeren Verständnis dessen angehen, was Sie erwartet. Denken Sie daran, dass der Ruhestand eine persönliche Reise ist und es an Ihnen liegt, zu definieren, was er für Sie bedeutet, frei von den Missverständnissen, die unser Urteilsvermögen oft trüben.

Wie der Lebensstil Ihren Sparplan prägt

Ihr Lebensstil spielt eine entscheidende Rolle bei der Gestaltung Ihres Altersvorsorgeplans. Die Entscheidungen, die Sie heute in Bezug auf Ihre Lebenssituation, Ihr Ausgabeverhalten und Ihren beruflichen Werdegang treffen, wirken sich direkt darauf aus, wie viel Sie für den Ruhestand sparen müssen. Das Verständnis dieser Beziehung ist von entscheidender Bedeutung für die Entwicklung einer erfolgreichen Ruhestandsstrategie, die auf Ihre individuellen Ziele und Umstände abgestimmt ist.

Betrachten Sie zunächst Ihren aktuellen Lebensstil. Sind Sie jemand, der einen minimalistischen Lebensstil schätzt, oder neigen Sie dazu, sich Luxus zu gönnen? Ihre jetzigen Ausgabegewohnheiten können Ihre Ersparnisse für die Zukunft erheblich beeinflussen. Wenn Sie von Gehaltsscheck zu Gehaltsscheck leben oder ständig zu viel für unwesentliche Dinge ausgeben, ist es wichtig, Ihre finanziellen Prioritäten neu zu bewerten. Die Umsetzung eines Budgets kann Ihnen dabei helfen, Bereiche zu identifizieren, in denen Sie Kürzungen vornehmen können, und so die Mittel in die Altersvorsorge umzuleiten. Es geht darum, ein Gleichgewicht zwischen dem Genießen der Gegenwart und der Investition in die Zukunft zu finden.

Denken Sie als nächstes über Ihren gewünschten Lebensstil im Ruhestand nach. Hier kommen Ihre früheren Überlegungen zu Ihrer perfekten Zukunft ins Spiel. Wie möchtest du leben? Möchten Sie viel reisen? Werden Sie ein Familienmitglied unterstützen oder Hobbys nachgehen, die eine finanzielle Investition erfordern? Je klarer Sie über Ihren zukünftigen Lebensstil sind, desto genauer können Sie berechnen, wie viel Sie sparen müssen.

Wenn Ihr Traum vom Ruhestand beispielsweise mit häufigen Reisen und Erkundungen einhergeht, ist es wichtig, für diese Erlebnisse ein Budget einzuplanen. Erwägen Sie die Festlegung spezifischer Sparziele für reisebezogene Ausgaben und berücksichtigen Sie diese in Ihrer gesamten Altersvorsorgeplanung. Wenn Sie sich hingegen einen ruhigeren Ruhestand mit Aktivitäten vor Ort und gesellschaftlichem Engagement vorstellen, könnten Ihre Sparziele anders sein.

Darüber hinaus kann Ihr beruflicher Werdegang Einfluss auf Ihre Sparstrategie haben. Wenn Sie in einem hochbezahlten Beruf tätig sind, haben Sie möglicherweise das Potenzial, aggressiver zu sparen. Wenn Sie hingegen in einem schlechter bezahlten Bereich tätig sind, müssen Sie möglicherweise nach alternativen Sparstrategien oder Nebenbeschäftigungen suchen, um Ihr Einkommen aufzubessern. Es ist wichtig, Ihr Verdienstpotenzial einzuschätzen und Aufstiegsmöglichkeiten zu identifizieren, die Ihre Altersvorsorge aufstocken können.

Berücksichtigen Sie schließlich bei der Bewertung Ihres Lebensstils die Bedeutung von

Gesundheit und Wohlbefinden. Ein gesunder Lebensstil kann im Ruhestand zu geringeren Gesundheitskosten führen, was sich erheblich auf Ihre Ersparnisse auswirken kann. Jetzt in Ihr körperliches und geistiges Wohlbefinden zu investieren, kann sich auf lange Sicht auszahlen und Ihnen einen längeren, gesünderen Ruhestand ermöglichen. Erwägen Sie, Bewegung, gesunde Ernährung und Techniken zur Stressreduzierung in Ihren Alltag zu integrieren, um einen gesünderen Lebensstil zu fördern.

Denken Sie daran, dass es bei dieser Reise nicht nur um finanzielle Sicherheit geht; Es geht darum, ein Leben zu schaffen, das Ihren Leidenschaften und Werten entspricht. Bleiben Sie in dieser aufregenden Phase offen für neue Möglichkeiten und verfolgen Sie proaktiv den Ruhestand Ihrer Träume. Ihr zukünftiges Ich wird es Ihnen danken.

Wie viel ist genug?

Wenn es um die Ruhestandsplanung geht, lautet eine der am häufigsten gestellten Fragen: „Wie viel benötige ich für den Ruhestand?" Diese Frage kann Angst, Verwirrung und manchmal ein Gefühl der Hoffnungslosigkeit hervorrufen. Viele Menschen streben nach einer sogenannten „magischen Zahl" und glauben, dass sie im Ruhestand sicher und glücklich sein werden, wenn sie nur einen bestimmten Betrag ansparen. Diese Vorstellung kann jedoch zu unrealistischen Erwartungen und verpassten Möglichkeiten für finanziellen Frieden führen. In diesem Abschnitt gehen wir dem Mythos der magischen Zahl auf den Grund, besprechen, wie Sie realistische, auf Ihre individuelle Situation zugeschnittene finanzielle Ziele setzen und helfen Ihnen beim Aufbau eines Ruhestandsplans, der sich nahtlos in Ihr Leben einfügt.

Den Mythos der „magischen Zahl" zerschlagen

Die Idee einer magischen Zahl bei der Ruhestandsplanung geht häufig auf allgemeine Ratschläge und statistische Daten zurück, mit denen versucht wird, zu quantifizieren, was Einzelpersonen bis zu einem bestimmten Alter hätten sparen sollen. Bei dieser Zahl handelt es sich in der Regel um einen Pauschalbetrag, den viele Finanzexperten vorschlagen – oft zwischen dem 10- und 25-fachen Ihres Jahreseinkommens. Obwohl diese Richtlinien als hilfreicher Ausgangspunkt dienen können, können sie auch irreführend sein. Die Realität ist, dass das Konzept einer einzelnen magischen Zahl zu einfach ist und die Nuancen individueller Lebensstile, Ausgaben und Ziele nicht berücksichtigt.

Ein Grund dafür, dass der Mythos der magischen Zahlen so problematisch ist, besteht darin, dass er einen unrealistischen Maßstab für Menschen darstellen kann. Viele Menschen glauben vielleicht, dass sie, sobald sie diese magische Summe erreicht haben, endlich entspannen und ihren Ruhestand genießen können. Beim Ruhestand kommt es jedoch nicht nur darauf an, wie viel Geld Sie haben; Es geht darum, wie effektiv Sie Ihre Finanzen verwalten, um Ihren gewünschten Lebensstil zu unterstützen. Wie viel Geld Sie im Ruhestand benötigen, hängt von verschiedenen Faktoren ab, darunter Ihrem Alter, Ihrem Gesundheitszustand, dem Rentenalter, Ihren Einkommensbedürfnissen und Ihrer Lebenserwartung.

Anstatt sich auf einen bestimmten Dollarbetrag zu fixieren, ist es wichtig, sich auf Ihre individuelle finanzielle Situation und Ihre Ruhestandsziele zu konzentrieren. Überlegen Sie zunächst, wie Ihr Ruhestand aussehen soll. Was sind Ihre Interessen? Werden Sie häufig reisen? Planen Sie, an einem bestimmten Ort zu leben? Werden Sie weiterhin Teilzeit arbeiten? Durch die Beantwortung dieser Fragen können Sie einen maßgeschneiderten Plan erstellen, der Ihre spezifischen Bedürfnisse berücksichtigt, anstatt eine einheitliche, magische Zahl.

Darüber hinaus ist es wichtig zu erkennen, dass die Inflation eine wichtige Rolle bei Ihrer Ruhestandsplanung spielen wird. Die Lebenshaltungskosten können sich im Laufe der Zeit drastisch ändern, was bedeutet, dass Ihre heutigen Ausgaben möglicherweise nicht Ihren zukünftigen Bedarf widerspiegeln. Wenn die Preise steigen, müssen Ihre Ersparnisse mithalten, um Ihren gewünschten Lebensstandard aufrechtzuerhalten. Daher ist es wichtig, eine flexible Sparstrategie zu entwickeln, die sich an wirtschaftliche Veränderungen und Inflation anpassen kann.

Letztendlich kann der Mythos der magischen Zahl zu einem Gefühl der Unzulänglichkeit führen, wenn Sie das Gefühl haben, diese willkürliche Zahl nicht zu erreichen. Kultivieren Sie stattdessen eine Denkweise, die sich auf Ihre individuelle finanzielle Reise konzentriert und auf dem Weg Anpassungen und Flexibilität ermöglicht. Indem Sie diesen Mythos zerstören, können Sie einen authentischeren und erfüllenderen Ruhestandsplan erstellen, der Ihren Werten und Zielen entspricht.

Realistische finanzielle Ziele setzen

Nachdem wir nun die Fallstricke der magischen Zahl besprochen haben, ist es an der Zeit, sich auf die Festlegung realistischer finanzieller Ziele zu konzentrieren, die mit Ihrer Ruhestandsvorstellung übereinstimmen. Dieser Prozess beinhaltet eine sorgfältige Beurteilung Ihrer aktuellen finanziellen Situation, Ihrer Zukunftswünsche und des Lebensstils, den Sie im Ruhestand erreichen möchten.

Der erste Schritt zur Festlegung realistischer finanzieller Ziele besteht darin, Ihre aktuelle finanzielle Situation zu beurteilen. Schauen Sie sich Ihre Einnahmen, Ausgaben, Ersparnisse und Schulden genau an. Erstellen Sie ein umfassendes Budget, das Ihre monatlichen Ausgabegewohnheiten beschreibt und Ihnen hilft, Bereiche zu identifizieren, in denen Sie sparen oder mehr sparen können. Um erreichbare Ruhestandsziele zu erreichen, ist es wichtig, Ihre Finanzlandschaft zu kennen.

Bestimmen Sie als Nächstes Ihren Einkommensbedarf für den Ruhestand. Überlegen Sie, wie viel Geld Sie benötigen, um Ihren gewünschten Lebensstil aufrechtzuerhalten. Denken Sie an Ihre wesentlichen Ausgaben wie Unterkunft, Gesundheitsversorgung, Essen und Transport sowie an die Ausgaben für Reisen, Unterhaltung und Hobbys. Durch die Schätzung dieser Kosten erhalten Sie ein klareres Bild des Einkommens, das Sie im Ruhestand benötigen.

Sobald Sie Ihren Einkommensbedarf im Blick haben, denken Sie über mögliche Einkommensquellen für den Ruhestand nach. Dazu können Sozialversicherungsleistungen, Pensionspläne, Altersvorsorgekonten und Investitionen gehören. Wenn Sie Ihre Einkommensquellen kennen, können Sie besser einschätzen, wie viel Sie sparen müssen, um eventuelle Lücken zu schließen.

Streben Sie bei der Festlegung finanzieller Ziele eine Mischung aus kurzfristigen und langfristigen Zielen an. Kurzfristige Ziele könnten der Aufbau eines Notfallfonds, die Tilgung hochverzinslicher Schulden oder die Einzahlung auf ein Rentenkonto sein. Langfristige Ziele können das Erreichen eines bestimmten Sparmeilensteins oder der Aufbau eines diversifizierten Anlageportfolios umfassen. Durch die Festlegung beider Arten von Zielen erstellen Sie einen ausgewogenen Finanzplan, der Flexibilität und Wachstum ermöglicht.

Ein weiterer wichtiger Aspekt bei der Festlegung realistischer finanzieller Ziele ist die Erstellung eines Zeitplans. Überlegen Sie, wann Sie in den Ruhestand gehen möchten, und ermitteln Sie rückwärts, wie viel Sie jedes Jahr sparen müssen, um Ihr gewünschtes Einkommen zu erreichen. Indem Sie Ihre Ziele in überschaubare Schritte unterteilen, können Sie Ihren Fortschritt im Laufe der Zeit messen und bei Bedarf Anpassungen vornehmen.

Darüber hinaus ist es wichtig, bei der Zielsetzung anpassungsfähig zu bleiben. Das Leben kann unvorhersehbar sein und die Umstände können sich ändern. Überprüfen Sie Ihre Ziele regelmäßig, um sicherzustellen, dass sie weiterhin mit Ihrem sich entwickelnden Lebensstil und Ihrer Ruhestandsvorstellung übereinstimmen. Indem Sie flexibel und offen für Veränderungen bleiben, können Sie Hindernisse mit Zuversicht überwinden und Ihre Finanzstrategie nach Bedarf anpassen.

Letztendlich geht es bei der Festlegung realistischer finanzieller Ziele darum, einen personalisierten Plan zu erstellen, der Ihre Werte, Wünsche und Umstände widerspiegelt. Indem Sie einen ganzheitlichen Ansatz für Ihre finanzielle Zukunft verfolgen, können Sie fundierte Entscheidungen treffen und auf einen erfüllten Ruhestand hinarbeiten.

Erstellen Sie einen Plan, der zu Ihrem Leben passt

Da Sie nun eine klare Vorstellung von Ihrer Ruhestandsvorstellung und Ihren realistischen finanziellen Zielen haben, ist es an der Zeit, einen

Plan zu erstellen, der zu Ihrem Leben passt. Bei einer erfolgreichen Altersvorsorge geht es nicht nur darum, wie viel Sie sparen, sondern auch darum, wie Sie Ihre Ressourcen einsetzen und Ihre Finanzen im Laufe der Zeit verwalten. Lassen Sie uns die wichtigsten Komponenten der Erstellung eines Ruhestandsplans erkunden, der Ihren individuellen Bedürfnissen und Wünschen entspricht.

Der erste Schritt beim Aufbau Ihres Altersvorsorgeplans besteht darin, Ihre Sparstrategie festzulegen. Dazu gehört die Auswahl der richtigen Altersvorsorgekonten und Anlageoptionen basierend auf Ihren Zielen, Ihrer Risikotoleranz und Ihrem Zeithorizont. Erwägen Sie steuerbegünstigte Altersvorsorgekonten wie ein 401(k)- oder ein IRA-Konto, da diese wertvolle Vorteile für langfristiges Sparen bieten können. Wenn Sie Zugang zu einer betrieblichen Altersvorsorge haben, zahlen Sie einen ausreichenden Beitrag ein, um eine Arbeitgeberbeteiligung zu erhalten, da dies Ihre Ersparnisse erheblich steigern kann.

Bei der Entwicklung Ihrer Anlagestrategie ist es wichtig, Ihre Risikotoleranz zu berücksichtigen. Dies bezieht sich darauf, wie gut Sie mit Marktschwankungen und potenziellen Verlusten umgehen können. Eine jüngere Person ist möglicherweise eher geneigt, ein höheres Risiko einzugehen, um potenziell größere Gewinne zu erzielen, während jemand, der kurz vor dem Ruhestand steht, der Kapitalerhaltung Vorrang einräumen könnte. Die Diversifizierung Ihrer Anlagen kann dazu beitragen, das Risiko zu mindern und gleichzeitig die potenziellen Erträge zu maximieren.

Stellen Sie als Nächstes sicher, dass Ihr Plan einen Notfallfonds enthält. Dieses Sicherheitsnetz hilft Ihnen, unerwartete finanzielle Herausforderungen zu meistern, die während Ihrer Rentenjahre auftreten können. Ziel ist es, die Lebenshaltungskosten für drei bis sechs Monate auf einem ertragsstarken Sparkonto anzusparen. Dieser Fonds sorgt für Sicherheit und verringert die Notwendigkeit, für unvorhergesehene Ausgaben auf Ihr Altersvorsorgeguthaben zurückzugreifen.

Erwägen Sie außerdem, Versicherungsoptionen in Ihre Altersvorsorge einzubeziehen. Krankenversicherung, Pflegeversicherung und Lebensversicherung können eine entscheidende Rolle bei der Absicherung Ihrer finanziellen Zukunft spielen. Informieren Sie sich über die verschiedenen verfügbaren Versicherungsarten und beurteilen Sie Ihren Bedarf anhand Ihres Gesundheitszustands, Ihrer Familiengeschichte und Ihrer Altersvorsorgepläne.

Achten Sie bei der Umsetzung Ihres Plans darauf, ihn regelmäßig zu überwachen und bei Bedarf anzupassen. Dies kann eine Überprüfung Ihrer Ziele, eine Neuzuweisung von Investitionen oder eine Erhöhung der Beiträge basierend auf Ihrer finanziellen Situation bedeuten. Lebensveränderungen – wie ein neuer Job, eine Heirat oder unerwartete Ausgaben – können eine Aktualisierung Ihres Plans erforderlich machen. Richten Sie eine Routine zur mindestens jährlichen Überprüfung Ihrer Fortschritte ein, um sicherzustellen, dass Sie Ihren Ruhestandszielen auf dem richtigen Weg sind.

Es ist auch hilfreich, sich beim Aufbau Ihres Ruhestandsplans von Finanzexperten beraten zu lassen. Finanzberater können personalisierte Einblicke und Strategien bereitstellen, die Ihnen helfen, die Komplexität der Altersvorsorgeplanung zu meistern. Suchen Sie nach Beratern, die mit Ihren Werten übereinstimmen und die treuhänderische Pflicht haben, in Ihrem besten Interesse zu handeln. Ein vertrauenswürdiger Berater kann Ihnen dabei helfen, Ihre Ziele zu klären, Ihre Strategie zu verfeinern und Verantwortung zu übernehmen, während Sie auf Ihren Ruhestand hinarbeiten.

Denken Sie zum Schluss daran, dass die Ruhestandsplanung eine Reise und kein Ziel ist. Es erfordert kontinuierliche Anstrengung, Hingabe und die Bereitschaft, sich anzupassen. Nehmen Sie den Prozess an und bleiben Sie mit Ihren Finanzen beschäftigt. Feiern Sie Meilensteine auf Ihrem Weg und würdigen Sie die Fortschritte, die Sie gemacht haben. Je proaktiver Sie bei der Verwaltung Ihrer Altersvorsorge vorgehen, desto gestärkt werden

Sie sich fühlen, wenn Sie sich diesem aufregenden Kapitel Ihres Lebens nähern.

Nehmen Sie die Reise an und ergreifen Sie proaktive Schritte für einen Ruhestand, der Ihnen Freude und Zufriedenheit bringt. Ihr zukünftiges Ich wird Ihnen für die durchdachte Planung und den Aufwand danken, den Sie heute investieren.

BAUEN SIE IHRE FESTUNG FÜR DEN RUHESTAND

Wenn Sie sich auf den Weg zu einem sicheren und erfüllten Ruhestand machen, ist es wichtig, eine solide finanzielle Grundlage zu schaffen, die den Belastungen der Zeit und Marktschwankungen standhält. Diese Stiftung – oft auch als Ihre Ruhestandsfestung bezeichnet – kombiniert verschiedene Strategien, Instrumente und Prinzipien, die darauf ausgelegt sind, Ihr Vermögen zu maximieren und Ihre finanzielle Unabhängigkeit zu gewährleisten. In diesem Abschnitt werden wir uns mit der wichtigen Rolle des Zinseszinses befassen, die Kunst der Diversifizierung erkunden und die Welt der Aktien, Anleihen und anderen Anlagen entmystifizieren, ohne in Fachjargon zu ertrinken. Jede dieser Komponenten wird dazu beitragen, Ihre Ruhestandsstrategie zu stärken und Sie in die Lage zu versetzen, sich mit Zuversicht in der Finanzlandschaft zurechtzufinden.

Die Macht des Zinseszinses: Ihr bester Freund

Stellen Sie sich vor, Sie pflanzen einen Baum. Am Anfang ist es nur ein kleiner Samen, der in der Erde vergraben wird. Mit der Zeit, Wasser, Sonnenlicht und Pflege verwandelt sich dieser Samen in einen blühenden Baum, der schließlich Schatten und Früchte spendet. Dieser Prozess spiegelt das Konzept des Zinseszinses bei der Altersvorsorge wider. Es geht um das Wachstum Ihres Geldes, nicht nur durch Ihre Beiträge, sondern auch durch die Zinsen, die Ihre Investitionen im Laufe der Zeit erzielen. Diese Macht zu verstehen und zu nutzen, kann Ihre finanzielle Reise entscheidend verändern.

Im Kern bedeutet Zinseszins, dass die Zinsen, die Sie für Ihre Ersparnisse verdienen, auch verzinst werden. Dadurch entsteht ein Schneeballeffekt; Mit der Zeit kann Ihr Geld exponentiell wachsen. Je früher Sie mit dem Sparen und Investieren beginnen, desto mehr Zeit geben Sie Ihrem Geld für die Aufzinsung. Stellen Sie sich das so vor: Wenn Sie heute 1.000 US-Dollar mit einem hypothetischen jährlichen Zinssatz von 5 %

investieren, werden Sie in 20 Jahren etwa 2.653 US-Dollar haben. Wenn Sie jedoch zehn Jahre warten, um den gleichen Betrag zu investieren, werden Sie nach 20 Jahren nur etwa 1.645 US-Dollar haben. Der Unterschied? Zeit, in der Ihr Geld für Sie arbeiten kann.

Diese Aufzinsungswirkung kann oft unterschätzt werden, insbesondere von jüngeren Menschen, die das Gefühl haben, dass der Ruhestand noch in weiter Ferne liegt. Die Wahrheit ist: Je früher Sie mit dem Sparen beginnen, desto bedeutender werden die Auswirkungen sein. Aus jedem Dollar, den Sie früh investieren, besteht das Potenzial, bis zu Ihrer Pensionierung viel mehr zu werden. Dieser Grundsatz unterstreicht, wie wichtig es ist, früh zu beginnen und regelmäßig Beiträge zu leisten, auch wenn die Beträge gering erscheinen. Eine kleine Menge reicht weit, wenn man die Möglichkeit hat, sich mit der Zeit zu steigern.

Auch bei Marktschwankungen ist es wichtig, investiert zu bleiben. Auch wenn es ganz natürlich ist, sich in Zeiten eines wirtschaftlichen

Abschwungs Sorgen zu machen, denken Sie daran, dass der Zinseszins am besten funktioniert, wenn Sie auf Kurs bleiben. Der Verkauf von Investitionen während eines Marktrückgangs kann Ihr Wachstumspotenzial beeinträchtigen. Betrachten Sie Markteinbrüche stattdessen als Gelegenheit, mehr zu einem niedrigeren Preis zu kaufen. Im Laufe der Zeit erholt sich der Markt tendenziell, sodass Ihre Investitionen wieder an Wert gewinnen und sich weiter vermehren.

Erwägen Sie schließlich die Nutzung steuerbegünstigter Konten wie 401(k) oder IRA, um Ihr Aufzinsungspotenzial zu maximieren. Die Einzahlungen auf diese Konten wachsen oft steuerbegünstigt, was bedeutet, dass Sie keine Steuern auf Ihre Anlagegewinne schulden, bis Sie das Geld im Ruhestand abheben. Diese Funktion verstärkt den Zinseszinseffekt, sodass Sie im Laufe der Zeit mehr von Ihrem Geld für sich arbeiten lassen können.

Zusammenfassend lässt sich sagen, dass die Kraft des Zinseszinses ein hervorragender

Verbündeter bei Ihrer Altersvorsorgeplanung ist. Indem Sie früh beginnen, konsequent investieren und Ihr Geld mit der Zeit wachsen lassen, können Sie eine starke finanzielle Zukunft schaffen, die Ihre Träume und Wünsche unterstützt. Ihre Reise zum Aufbau einer Ruhestandsfestung beginnt mit diesem leistungsstarken Konzept – Ihrem besten Freund in der Finanzwelt.

Die Kunst der Diversifizierung: Was wirklich funktioniert

Wenn es um den Aufbau Ihrer Altersvorsorge geht, ist Diversifizierung eine Grundstrategie, die Ihnen beim Risikomanagement und der Optimierung Ihrer Renditen helfen kann. Im Kern geht es bei der Diversifizierung darum, Ihre Anlagen auf verschiedene Anlageklassen – wie Aktien, Anleihen und Immobilien – zu verteilen, um die Auswirkungen der schlechten Wertentwicklung einer einzelnen Anlage auf Ihr Gesamtportfolio zu minimieren. Lassen Sie uns tiefer in die Kunst der Diversifizierung eintauchen und herausfinden, wie sie funktioniert und warum sie für Ihre finanzielle Zukunft unerlässlich ist.

Stellen Sie sich vor, Sie sind bei einem Potluck-Dinner mit Freunden. Wenn Sie nur ein Gericht mitbringen und es sich als Flop herausstellt, sind Ihre Essensmöglichkeiten möglicherweise stark eingeschränkt. Wenn Sie jedoch mehrere Gerichte mitbringen, können Sie unabhängig vom Erfolg eines einzelnen Gerichts für ein noch angenehmeres Essen sorgen. Das gleiche Prinzip gilt für das Investieren. Durch die Diversifizierung Ihres Portfolios können Sie das mit jeder einzelnen Anlage verbundene Risiko reduzieren und gleichzeitig Ihre Chancen auf eine gute Rendite erhöhen.

Ein Hauptgrund dafür, dass Diversifikation funktioniert, ist, dass verschiedene Anlageklassen unter verschiedenen Marktbedingungen oft unterschiedlich abschneiden. Beispielsweise können Aktien während des Wirtschaftswachstums florieren, da die Unternehmen höhere Gewinne verzeichnen.

Umgekehrt können Anleihen während eines wirtschaftlichen Abschwungs besser abschneiden als Aktien, da Anleger nach sichereren Häfen für ihr Geld suchen. Indem Sie eine Mischung aus Vermögenswerten halten, können Sie Ihr Portfolio gegen Marktvolatilität absichern und die Wahrscheinlichkeit eines stetigen Wachstums im Laufe der Zeit erhöhen.

Erwägen Sie beim Aufbau eines diversifizierten Portfolios die Aufnahme einer Mischung aus inländischen und internationalen Aktien, Anleihen und anderen Vermögenswerten. Jede dieser Kategorien kann sich je nach Wirtschaftslage, Zinssätzen und globalen Ereignissen unterschiedlich verhalten. Darüber hinaus möchten Sie möglicherweise alternative Anlagen wie Immobilien oder Rohstoffe erkunden, um Ihr Engagement weiter zu erweitern.

Ein weiterer wichtiger Aspekt der Diversifizierung ist die regelmäßige Neuausrichtung Ihres Portfolios. Da die Märkte schwanken, können die Anteile Ihrer Anlagen von der gewünschten Allokation abweichen. Wenn Ihre Aktienanlagen beispielsweise besser abschneiden als der Markt, könnten sie einen größeren Anteil Ihres Portfolios ausmachen, als Sie beabsichtigt hatten. Bei der Neuausrichtung müssen Sie einige Ihrer leistungsstärksten Vermögenswerte verkaufen und den Erlös in leistungsschwache Vermögenswerte umschichten, um Ihre Zielallokation aufrechtzuerhalten. Dieser Prozess trägt dazu bei, dass Sie keiner einzelnen Anlage oder Anlageklasse zu stark ausgesetzt sind, und ermöglicht Ihnen so ein effektives Risikomanagement.

Obwohl Diversifizierung eine wirkungsvolle Strategie ist, darf man nicht vergessen, dass sie weder Gewinne garantiert noch vor Verlusten in einem rückläufigen Markt schützt. Es bietet jedoch einen ausgewogeneren Anlageansatz, der Ihnen dabei helfen kann, mit größerer Zuversicht durch die Höhen und Tiefen des Marktes zu navigieren.

Berücksichtigen Sie bei der Diversifizierung schließlich Ihre persönliche Risikotoleranz. Jeder Mensch hat ein unterschiedliches Sicherheitsniveau hinsichtlich Risiko und potenziellem Verlust. Bewerten Sie Ihre finanziellen Ziele, Ihren Anlagehorizont und Ihre emotionale Reaktion auf Marktschwankungen, um einen geeigneten Vermögensmix für Ihr Portfolio zu bestimmen. Wenn Sie Ihre Risikotoleranz kennen, können Sie fundierte Entscheidungen treffen und eine umfassende Anlagestrategie entwickeln, die Ihren Bedürfnissen entspricht.

Zusammenfassend lässt sich sagen, dass die Kunst der Diversifizierung ein wirksames Instrument beim Aufbau Ihrer Ruhestandsfestung ist. Indem Sie Ihre Investitionen auf verschiedene Anlageklassen verteilen und Ihr Portfolio regelmäßig neu ausbalancieren, können Sie das Risiko steuern und sich gleichzeitig für potenzielles Wachstum positionieren. Diese Strategie erhöht nicht nur Ihre Chancen, Ihre Ruhestandsziele zu erreichen, sondern gibt Ihnen auch Sicherheit, wenn Sie sich auf dem sich ständig verändernden Terrain der Finanzmärkte zurechtfinden.

Navigieren durch Aktien, Anleihen und andere Anlagen (ohne Fachjargon!)

Sich in der Welt der Investitionen zurechtzufinden, kann manchmal überwältigend sein, insbesondere angesichts der Fachsprache und der komplexen Begriffe, mit denen oft um sich geworfen wird. Für den Aufbau Ihrer Altersvorsorge ist es jedoch entscheidend, die Grundlagen von Aktien, Anleihen und anderen Anlageinstrumenten zu verstehen. Indem Sie diese Konzepte entmystifizieren und in verdauliche Teile zerlegen, fühlen Sie sich stärker befähigt, fundierte Entscheidungen über Ihre finanzielle Zukunft zu treffen.

Beginnen wir mit den Aktien. Wenn Sie eine Aktie kaufen, erwerben Sie eine kleine Beteiligung an einem Unternehmen. Wenn das Unternehmen wächst und profitabler wird, kann der Wert Ihrer Aktien steigen, sodass Sie sie mit

Gewinn verkaufen können. Darüber hinaus zahlen einige Unternehmen Dividenden – regelmäßige Barzahlungen an die Aktionäre – und bieten so eine weitere Möglichkeit, Erträge aus Ihrer Investition zu erzielen. Es ist jedoch wichtig zu wissen, dass Aktien volatil sein können, was bedeutet, dass ihr Wert im Laufe der Zeit erheblich schwanken kann. Die Investition in Aktien kann zwar das Potenzial für höhere Renditen bieten, birgt aber auch ein erhöhtes Risiko.

Anleihen hingegen stellen ein Darlehen dar, das Sie einer Regierung oder einem Unternehmen gegen regelmäßige Zinszahlungen gewähren. Wenn Sie eine Anleihe kaufen, leihen Sie dem Emittenten im Wesentlichen Ihr Geld für einen bestimmten Zeitraum. Am Ende dieses Zeitraums zahlt der Emittent den Nennbetrag der Anleihe zurück. Anleihen neigen dazu, weniger volatil zu sein als Aktien, was sie zu einer beliebten Wahl für diejenigen macht, die Stabilität in ihrem Anlageportfolio suchen. Allerdings bieten sie im Vergleich zu Aktien in der Regel geringere

Renditen, weshalb sie oft als sicherere Option angesehen werden.

Neben Aktien und Anleihen kommen auch andere Anlageinstrumente in Betracht. Immobilien können beispielsweise ein wertvolles Gut in Ihrem Altersvorsorgeportfolio sein. Durch die Investition in Immobilien können Mieteinnahmen erzielt und gleichzeitig im Laufe der Zeit an Wert gewonnen werden. Mit Real Estate Investment Trusts (REITs) können Sie in Immobilien investieren, ohne Immobilien direkt kaufen und verwalten zu müssen. Diese Trusts bündeln Gelder von mehreren Investoren, um einkommensschaffende Immobilien zu erwerben und bieten so die Möglichkeit, vom Immobilienpotenzial zu profitieren, ohne die Komplexität des direkten Eigentums.

Investmentfonds und Exchange Traded Funds (ETFs) sind weitere Anlagemöglichkeiten, die Ihr Portfoliomanagement vereinfachen können. Diese Fonds bündeln das Geld mehrerer Anleger, um in eine diversifizierte Mischung aus Aktien, Anleihen oder anderen Vermögenswerten zu investieren. Durch die Investition in einen Investmentfonds oder ETF erhalten Sie Zugang zu einer Vielzahl von Anlagen und reduzieren so die mit einzelnen Aktien oder Anleihen verbundenen Risiken. Sie sind eine hervorragende Option für Einsteiger, die eine Diversifizierung erreichen möchten, ohne zahlreiche Investitionen recherchieren und verwalten zu müssen.

Wenn Sie verschiedene Anlageoptionen erkunden, ist es wichtig, eine Anlagestrategie zu entwickeln, die Ihren finanziellen Zielen und Ihrer Risikotoleranz entspricht. Diese Strategie wird Sie bei Ihrer Entscheidung darüber leiten, welche Investitionen Sie tätigen und wie Sie Ihr Vermögen effektiv verteilen. Denken Sie daran, dass das Investieren eine langfristige Reise ist und es wichtig ist, während des gesamten Prozesses geduldig und diszipliniert zu bleiben.

Scheuen Sie sich nicht, sich bei der Investitionsentscheidung beraten zu lassen. Finanzberater und Online-Ressourcen können wertvolle Erkenntnisse liefern und Ihnen helfen, fundierte Entscheidungen zu treffen. Wenn Sie sich über Anlagemöglichkeiten und Markttrends informieren, können Sie Ihre finanzielle Zukunft selbst in die Hand nehmen.

Wenn Sie die Grundlagen dieser Anlageinstrumente verstehen und wissen, wie sie in Ihre Altersvorsorgestrategie passen, können Sie fundierte Entscheidungen treffen, die Ihren finanziellen Zielen entsprechen. Denken Sie daran, dass der Aufbau Ihrer Ruhestandsfestung Zeit, Geduld und Lernbereitschaft erfordert. Wenn Sie sich auf diese Reise einlassen, sind Sie auf dem besten Weg zu einem sicheren und erfüllten Ruhestand

IHR 401(K), IRA und darüber hinaus

Verborgene Schätze freischalten

Die Ruhestandsplanung kann sich wie ein langer und kurvenreicher Weg anfühlen, aber auf dem Weg dorthin verbergen sich Schätze – wie Ihr 401(k), Ihre IRA und andere Sparinstrumente –, die die Reise reibungsloser und lohnender machen können. Diese Tools sind nicht nur für die Sicherung Ihrer Zukunft unerlässlich; Sie bieten außerdem einzigartige Möglichkeiten, Ihr Vermögen zu vermehren, Steuervorteile zu nutzen und durch entsprechende Beiträge sogar kostenloses Geld zu verdienen. Indem Sie das Potenzial dieser Schätze erschließen, verschaffen Sie sich einen Vorsprung auf dem Weg zur finanziellen Unabhängigkeit. Lassen Sie uns herausfinden, wie Sie diese Vorteile so maximieren können, dass Sie sich gestärkt und bereit fühlen, Ihre Ruhestandsziele in Angriff zu nehmen.

Arbeitgebervorteile optimal nutzen

Einer der größten Vorteile der Arbeit bei einem Arbeitgeber sind die zahlreichen Leistungen, die Sie bei der Vorbereitung auf den Ruhestand unterstützen können. Ob es sich um einen 401(k)-Plan, Matching-Beiträge oder eine Gewinnbeteiligung handelt, diese vom Arbeitgeber bereitgestellten Leistungen können wie ein vergrabener Schatz sein – der darauf wartet, entdeckt und zu Ihrem langfristigen Vorteil maximiert zu werden. Um eine solide Grundlage für den Ruhestand zu schaffen, ist es wichtig zu verstehen, wie Sie diese Vorteile optimal nutzen können.

Beginnen wir mit dem 401(k), einem der am häufigsten von Arbeitgebern angebotenen Altersvorsorgeplänen. Mit einem 401(k) können Sie für den Ruhestand sparen, indem Sie einen Teil Ihres Einkommens vor Steuern direkt auf ein

Anlagekonto einzahlen. Das Schöne an diesem Plan ist seine Einfachheit: Normalerweise kümmert sich Ihr Arbeitgeber um die Logistik, und Sie können automatische Lohnabzüge einrichten, um das Sparen mühelos zu gestalten. Darüber hinaus bieten viele Arbeitgeber eine Aufstockung Ihrer Beiträge an, d. h. sie zahlen auf der Grundlage Ihrer Beiträge zusätzliche Mittel auf Ihr Konto ein. Wenn Ihr Arbeitgeber beispielsweise eine 100-prozentige Beteiligung an den ersten 5 % Ihres Gehalts anbietet, die Sie einzahlen, und Sie 50.000 US-Dollar pro Jahr verdienen, könnten Sie jedes Jahr zusätzlich 2.500 US-Dollar erhalten, indem Sie einfach 2.500 US-Dollar Ihres eigenen Geldes beisteuern. Das ist praktisch kostenloses Geld für Ihren Ruhestand!

Die Maximierung dieses Matching-Vorteils ist von entscheidender Bedeutung. Wenn Sie nicht genug beitragen, um das volle Spiel zu erhalten, lassen Sie im Wesentlichen Geld auf dem Tisch. Auch wenn es schwierig erscheinen mag, sich von einem Teil Ihres Gehalts zu trennen, überwiegen die langfristigen Vorteile bei weitem die kurzfristigen Opfer. Matching-Beiträge beschleunigen das Wachstum Ihrer Altersvorsorge und erhöhen Ihren Notgroschen im Laufe der Zeit deutlich.

Darüber hinaus senken 401(k)-Beiträge Ihr zu versteuerndes Einkommen in dem Jahr, in dem Sie sie leisten. Da die Beiträge mit Dollar vor Steuern geleistet werden, verringern sie die Höhe des Einkommens, das der Bundeseinkommensteuer unterliegt. Dieser doppelte Vorteil – die Steigerung Ihrer Ersparnisse bei gleichzeitiger Reduzierung Ihrer Steuerschuld – macht einen 401(k) zu einem der leistungsstärksten Instrumente in Ihrem Ruhestandsarsenal.

Aber es geht nicht nur darum, einen Beitrag zu leisten; Es geht auch darum, Ihre Investitionen klug zu verwalten. Die meisten 401(k)-Pläne bieten eine Reihe von Anlageoptionen, darunter Investmentfonds, Zielfonds und Rentenfonds. Nehmen Sie sich die Zeit, Ihre Optionen zu prüfen und Investitionen auszuwählen, die zu Ihrem Ruhestandsplan und Ihrer Risikotoleranz passen. Wenn Sie diese Entscheidungen nicht selbst treffen möchten, bieten viele Pläne die Möglichkeit, einen Finanzberater zu konsultieren oder automatisierte Anlagedienste zu nutzen.

Zusätzlich zum 401(k) bieten einige Arbeitgeber Gewinnbeteiligungspläne oder Aktienoptionen an. Mit diesen Programmen können Sie am Erfolg des Unternehmens teilhaben, indem Sie einen Teil des Gewinns erhalten oder Unternehmensaktien zu einem vergünstigten Preis erwerben. Obwohl diese Vorteile eine hervorragende Steigerung Ihrer Altersvorsorge bedeuten können, sollten Sie vorsichtig sein, wenn Sie nicht zu viel in die Aktien Ihres Arbeitgebers investieren. Diversifizierung ist der Schlüssel zum Risikomanagement. Stellen Sie daher sicher, dass Sie nicht zu viele Eier in einen Korb legen.

Um Ihre Arbeitgebervorteile wirklich optimal zu nutzen, tragen Sie zunächst ausreichend in Ihr 401(k)-Konto ein, um den vollen Betrag zu erhalten, überprüfen und passen Sie Ihre Anlageoptionen regelmäßig an und nutzen Sie alle zusätzlichen Vergünstigungen wie Gewinnbeteiligungen oder Aktienoptionen. Auf diese Weise sind Sie auf dem besten Weg, die verborgenen Schätze Ihres Arbeitgebers zu erschließen.

IRAs: Ihr personalisiertes Altersvorsorgefahrzeug

Arbeitgeberfinanzierte Pläne wie der 401(k) sind zwar leistungsstarke Instrumente, aber nicht die einzige Möglichkeit, für den Ruhestand zu sparen. Individuelle Altersvorsorgekonten (IRAs) bieten einen individuelleren Ansatz für die Altersvorsorge und geben Ihnen eine bessere Kontrolle darüber, wie und wo Ihr Geld investiert wird. Unabhängig davon, ob Sie selbstständig sind, keinen Zugang zu einem 401(k) haben oder einfach nur Ihre Ersparnisse aufbessern möchten, kann eine IRA eine wertvolle Ergänzung Ihrer Altersvorsorgestrategie sein.

Es gibt zwei Haupttypen von IRAs: traditionelle IRAs und Roth-IRAs. Jedes bietet unterschiedliche Vorteile und die richtige Wahl für Sie hängt von Ihrer aktuellen finanziellen Situation und Ihren langfristigen Zielen ab. Lassen Sie uns die wichtigsten Unterschiede aufschlüsseln, damit Sie die beste Option für Ihre Bedürfnisse auswählen können.

Eine traditionelle IRA funktioniert ähnlich wie eine 401(k), da Ihre Beiträge mit Dollar vor Steuern geleistet werden, was Ihr steuerpflichtiges Einkommen für das Jahr senkt. Das Geld auf Ihrem Konto wächst steuerbegünstigt, was bedeutet, dass Sie keine Steuern auf die Einnahmen schulden, bis Sie im Ruhestand mit Abhebungen beginnen. Dies ist ein erheblicher Vorteil, wenn Sie im Ruhestand voraussichtlich in einer niedrigeren Steuerklasse sein werden, da Sie beim Abheben des Geldes weniger Steuern zahlen müssen.

Andererseits wird eine Roth IRA mit Dollars nach Steuern finanziert. Das bedeutet, dass Sie keine sofortige Steuererleichterung für Ihre Beiträge erhalten, Ihre Abhebungen im Ruhestand jedoch völlig steuerfrei sind. Dies kann eine ausgezeichnete Option sein, wenn Sie damit rechnen, dass Sie im Ruhestand in einer höheren Steuerklasse landen, oder wenn Sie einfach sicherstellen möchten, dass Sie später keine Steuern auf Ihre Anlagegewinne zahlen müssen. Eine der attraktivsten Eigenschaften der Roth IRA besteht darin, dass Ihr Geld steuerfrei wachsen kann, was sie zu einer idealen Wahl für jüngere Sparer mit einem langen Anlagehorizont macht.

IRAs bieten außerdem mehr Flexibilität als arbeitgeberfinanzierte Pläne. Während 401(k)s in der Regel über eine begrenzte Auswahl an Anlageoptionen verfügen, können Sie mit IRAs in eine breite Palette von Vermögenswerten investieren, darunter Aktien, Anleihen, Investmentfonds und sogar alternative Anlagen wie Immobilien oder Kryptowährung (je nach Anbieter). . Diese Freiheit gibt Ihnen die Möglichkeit, Ihre Investitionen an Ihre spezifischen Ziele und Risikotoleranz anzupassen.

In Bezug auf die Beitragsgrenzen haben IRAs niedrigere jährliche Grenzen als 401(k)s. Für 2024 beträgt der maximale Beitrag zu einer IRA 6.500 US-Dollar (oder 7.500 US-Dollar, wenn Sie 50 Jahre oder älter sind). Dies ist zwar weniger als das, was Sie zu einem 401(k) beitragen können, es handelt sich aber dennoch um einen erheblichen Betrag, der im Laufe der Zeit erheblich ansteigen kann, insbesondere wenn Sie die Steuervorteile nutzen, die jede Art von IRA bietet.

Wenn Sie selbstständig sind oder ein Kleinunternehmen besitzen, könnten Sie auch einen SEP IRA oder einen Solo 401(k) in Betracht ziehen. Diese Pläne bieten höhere Beitragsgrenzen und sollen Unternehmern und Kleinunternehmern dabei helfen, steuerlich begünstigt für den Ruhestand zu sparen. Mit einem SEP IRA können Sie bis zu 25 % Ihrer Vergütung einzahlen, mit einem Höchstbetrag von 66.000 US-Dollar für das Jahr 2024. Mittlerweile bietet ein Solo 401(k) ähnliche Vorteile, ermöglicht Ihnen aber, sowohl als Arbeitnehmer als auch als Arbeitgeber einen

Beitrag zu leisten, was möglicherweise zu einer Erhöhung Ihrer Vergütung führt Beitragsgrenze.

Letztendlich bietet eine IRA ein flexibles und personalisiertes Altersvorsorgeinstrument, das Ihren vom Arbeitgeber gesponserten Plan ergänzen oder als Ihr primäres Sparinstrument dienen kann. Unabhängig davon, ob Sie sich für eine traditionelle IRA oder eine Roth-IRA entscheiden oder spezielle Optionen wie eine SEP-IRA oder Solo 401(k) erkunden, bieten diese Konten wertvolle Möglichkeiten, Ihre Altersvorsorge auf steuerbegünstigte Weise zu steigern.

Die Magie der Matching-Beiträge und Steuervergünstigungen

Nehmen wir uns einen Moment Zeit, um die Magie zu genießen, die mit der Abstimmung von Beiträgen und Steuervergünstigungen einhergeht. Diese beiden Elemente sind wie die geheime Soße in Ihrem Ruhestandsrezept – sie verleihen Ihrer Sparstrategie Geschmack, Fülle und das gewisse Extra, damit sie wirklich glänzen.

Matching-Beiträge sind eines der leistungsstärksten Tools in Ihrem Ruhestands-Toolkit und im Wesentlichen kostenloses Geld. Wir haben dies bereits beim 401(k) angesprochen, aber schauen wir uns etwas genauer an, wie das Matching funktioniert und warum es so wichtig ist, diesen Vorteil zu maximieren. Viele Arbeitgeber übernehmen einen Prozentsatz Ihrer Beiträge zu Ihrer Altersvorsorge und verdoppeln so effektiv Ihre Ersparnisse (oder erhöhen sie zumindest erheblich). Wenn Ihr Arbeitgeber eine 100-prozentige Beitragsbeteiligung von bis zu 5 % Ihres Gehalts anbietet und Sie diese 5 % beisteuern, werden Ihre Ersparnisse sofort verdoppelt. Selbst wenn Ihr Arbeitgeber nur einen Teilbeitrag anbietet, z. B. 50 % bis 6 %, ist das immer noch zusätzliches Geld, das direkt Ihrem Rentenkonto gutgeschrieben wird.

Warum ist das so magisch? Denn Matching-Beiträge beschleunigen das Wachstum

Ihres Altersvorsorgeguthabens, ohne dass dafür ein zusätzlicher Aufwand Ihrerseits erforderlich ist. Es ist, als ob Sie eine Gehaltserhöhung erhalten, die direkt in Ihre Zukunft fließt, und je mehr Sie spenden, desto mehr kann Ihr Arbeitgeber leisten. Wenn Sie diesen Vorteil nicht in vollem Umfang nutzen, bleibt im Grunde Geld auf dem Tisch – Geld, das sich im Laufe der Jahre summieren und vermehren könnte, um Ihnen einen sichereren Ruhestand zu ermöglichen.

Der Zauber hört nicht bei passenden Beiträgen auf. Die mit Rentenkonten verbundenen Steuervorteile sind ein weiteres entscheidendes Element, das Ihre Ersparnisse erheblich steigern kann. Je nachdem, ob Sie in eine traditionelle IRA oder eine Roth-IRA (oder eine 401(k)) einzahlen, senken Sie entweder jetzt Ihr steuerpflichtiges Einkommen oder profitieren später von steuerfreien Abhebungen.

Bei einem herkömmlichen 401(k)- oder IRA-Konto werden Ihre Beiträge beispielsweise mit Dollar vor Steuern geleistet, was bedeutet, dass Sie keine Steuern auf das von Ihnen eingezahlte Geld zahlen, bis Sie es im Ruhestand abheben. Dadurch verringert sich Ihr zu versteuerndes Einkommen in dem Jahr, in dem Sie den Beitrag leisten, was möglicherweise zu einer Senkung Ihrer Steuerschuld führt. Gerade für Personen in höheren Steuerklassen ist diese sofortige Steuererleichterung enorm hilfreich. Auf der anderen Seite werden Ihre Beiträge bei einem Roth 401(k) oder IRA mit Dollars nach Steuern geleistet, aber das Wunder geschieht, wenn Sie in Rente gehen – Ihre Abhebungen, einschließlich aller Anlageerträge, sind völlig steuerfrei.

Beide Optionen bieten wertvolle Steuervorteile und die Wahl der richtigen Option hängt von Ihrer finanziellen Situation und Ihren Zukunftserwartungen ab. Wenn Sie damit rechnen, im Ruhestand in einer niedrigeren Steuerklasse zu sein, könnte ein traditionelles Konto vorteilhafter sein, da Sie die Steuern auf einen späteren Zeitpunkt verschieben können. Wenn Sie im Ruhestand voraussichtlich in einer höheren Steuerklasse leben, könnte ein

Roth-Konto die bessere Option sein, da Sie dann in den Genuss steuerfreier Abhebungen kommen, wenn Sie diese am meisten benötigen.

Ein weiterer wichtiger Vorteil beider Kontoarten ist das steuerbegünstigte Wachstum. Unabhängig davon, ob Sie ein traditionelles oder ein Roth-Rentenkonto haben, wachsen die Investitionen auf diesen Konten jedes Jahr, ohne dass Kapitalertragssteuern anfallen. Das bedeutet, dass der Wert Ihrer Investitionen im Laufe der Zeit steigt und Sie für diese Gewinne nicht sofort besteuert werden. Stattdessen verbleibt das Geld auf dem Konto, erhöht sich Jahr für Jahr und baut Ihr Vermögen schneller auf, als wenn Ihre Gewinne jährlich besteuert würden. Dieses steuerbegünstigte Wachstum ist über lange Zeiträume besonders stark, sodass Ihr Geld härter für Sie arbeiten kann.

Was passiert nun, wenn Sie sowohl die entsprechenden Beiträge als auch die Steuervorteile voll ausnutzen? Das Ergebnis ist ein exponentielles Wachstum Ihrer Altersvorsorge. Betrachten Sie das Beispiel eines

401(k) mit einer Firmenübereinstimmung und Vorsteuerbeiträgen. Jedes Jahr zahlen Sie nicht nur Ihr eigenes Geld ein (das steuerbegünstigt wächst), sondern Ihr Arbeitgeber erhöht diesen Betrag mit seinem Zuschuss. Darüber hinaus reduziert das von Ihnen eingezahlte Geld Ihr zu versteuerndes Einkommen, sodass Sie sofort Steuererleichterungen erhalten. Mit der Zeit entsteht durch diese Kombination ein leistungsstarker Wachstumsmotor, der Ihre Ersparnisse für den Ruhestand in die Höhe treiben kann.

Für diejenigen, die sowohl Zugang zu arbeitgeberfinanzierten Rentenkonten als auch zu IRAs haben, gibt es eine weitere Ebene der Magie zu berücksichtigen. Wenn Sie Beiträge zu beiden Arten von Konten leisten, können Sie von den jeweils einzigartigen Vorteilen profitieren. Wenn Sie Ihre 401(k)-Beiträge maximieren, um die volle Arbeitgeberbeteiligung zu erhalten, und dann einen Beitrag zu einer IRA (entweder traditionell oder Roth, je nach Ihrer Situation) leisten, können Sie Ihre Altersvorsorgeinstrumente und Steuervorteile diversifizieren. Dieser mehrstufige Ansatz stellt sicher, dass Sie Ihr Ruhestandspotenzial maximieren und sich für eine komfortable und sichere Zukunft positionieren.

Es ist auch wichtig, die IRS-Beitragsgrenzen sowohl für arbeitgeberfinanzierte Pläne als auch für IRAs im Auge zu behalten. Für 2024 beträgt die Beitragsgrenze für 401(k)-Pläne 23.000 US-Dollar, wobei für Personen ab 50 Jahren ein zusätzlicher Nachholbeitrag von 7.500 US-Dollar zulässig ist. Für IRAs beträgt die Beitragsgrenze 6.500 US-Dollar, mit einem Nachholbeitrag von 1.000 US-Dollar für Personen ab 50 Jahren. Wenn Sie diese Grenzen kennen und entsprechend planen, können Sie jedes Jahr das Beste aus Ihren Altersvorsorgekonten herausholen.

Letztendlich liegt der Zauber von Matching-Beiträgen und Steuervergünstigungen darin, dass Sie mit weniger Aufwand mehr sparen können. Indem Sie regelmäßig Beiträge leisten und diese Vorteile voll ausschöpfen, schaffen Sie einen leistungsstarken, wachsenden Ressourcenpool, der Ihnen zur Verfügung steht, wenn Sie bereit sind, in den Ruhestand zu gehen. Ganz gleich, ob es sich um den unmittelbaren Vorteil niedrigerer Steuern heute oder den langfristigen Vorteil steuerfreien Wachstums im Ruhestand handelt, diese Vergünstigungen machen den entscheidenden Unterschied und helfen Ihnen dabei, einen für Sie funktionierenden Ruhestandsplan aufzubauen.

Denken Sie beim Sparen für den Ruhestand daran, dass sich jeder Beitrag – sei es Ihr eigenes Geld oder ein Beitrag Ihres Arbeitgebers – im Laufe der Zeit summiert. Die Steuervorteile, ob sofort oder aufgeschoben, erhöhen Ihre Ersparnisse auf eine Weise, die vielleicht nicht sofort offensichtlich ist, aber einen enormen Einfluss auf Ihre finanzielle Zukunft haben wird. Indem Sie diese verborgenen Schätze erschließen und die Ihnen zur Verfügung stehenden Werkzeuge voll ausschöpfen, sind Sie auf dem besten Weg, den Ruhestand Ihrer Träume zu gestalten.

WIE MAN DEM GRÖSSTEN FEHLER AUSWEICHT

Die Ruhestandsplanung ist eine der wichtigsten finanziellen Reisen, die Sie jemals unternehmen werden. Es ist ein Weg voller Möglichkeiten, aber auch voller potenzieller Fallstricke, die Ihre besten Pläne zum Scheitern bringen können. Die gute Nachricht ist, dass Sie mit etwas Weitsicht, Wissen und ein paar Schlüsselstrategien die häufigen Fehler vermeiden können, denen viele begehen. In diesem Abschnitt erfahren Sie, wie Sie diese Fehler vermeiden können, bevor sie zu Hindernissen auf Ihrem Weg zur finanziellen Sicherheit werden.

Vermeiden Sie die Fallstricke, die Einsparungen sabotieren

Einer der größten Fehler, den Menschen beim Sparen für den Ruhestand machen, besteht darin, nicht genug zu sparen oder zu lange mit dem Sparen zu warten. Es ist leicht, sich in den Anforderungen des Alltags zu verlieren – Schulden abbezahlen, ein Haus kaufen, Kinder großziehen – und die Altersvorsorge auf die lange Bank zu schieben. Aber jedes Jahr, das vergeht, ohne dass Sie auf Ihr Rentenkonto eingezahlt haben, ist eine verpasste Gelegenheit, Ihr Geld zu vermehren. Je früher Sie beginnen, desto mehr Zeit hat der Zinseszins, um seine Wirkung zu entfalten.

Aber es geht nicht nur darum, früh anzufangen, sondern auch um Beständigkeit. Manche Menschen beginnen stark, verpuffen dann aber und zahlen sporadisch auf ihr Rentenkonto ein. Das kann genauso schädlich sein, wie gar kein Sparen. Stellen Sie sich das so vor: Sparen für den Ruhestand ist wie das Pflanzen eines Baumes. Je gleichmäßiger Sie es gießen, desto kräftiger und größer wird es mit der Zeit. Auch wenn Sie zunächst nur kleine Beiträge leisten können, werden sich diese stetigen, laufenden Investitionen auf lange Sicht auszahlen.

Eine weitere große Gefahr besteht darin, zu früh vom Rentenkonto abzuheben. Das Leben kann skurril sein, und es könnte verlockend sein, auf Ihr 401(k)- oder IRA-Konto zurückzugreifen, um unerwartete Ausgaben zu decken. Bei vorzeitigen Abhebungen fallen jedoch Strafen und Steuern an, die Ihre hart verdienten Ersparnisse aufzehren können. Außerdem verpassen Sie das zukünftige Wachstum, das das Geld ermöglicht hätte. Stattdessen ist es besser, außerhalb Ihres Rentenkontos einen Notfallfonds aufzubauen, um diese Überraschungen abzudecken und Ihren Notgroschen unangetastet zu lassen.

Schließlich ist es wichtig, den Betrag, den Sie von der Sozialversicherung erhalten, nicht zu überschätzen. Viele Menschen gehen davon aus, dass die Sozialversicherungsleistungen den Großteil ihrer Ruhestandskosten decken werden, aber in Wirklichkeit sind sie nur dazu gedacht, etwa 40 % Ihres Vorruhestandseinkommens zu ersetzen. Wenn Sie sich zu stark auf diese Einnahmequelle verlassen, kann es sein, dass Sie in Ihren goldenen Jahren nicht in der Lage sind, Ihre Lebenshaltungskosten zu decken. Deshalb ist es so wichtig, die Sozialversicherung durch eigene Ersparnisse und Investitionen zu ergänzen.

Finanzielle Fallen erkennen und lernen, sie zu umgehen

Finanzielle Fallen können in vielen Formen auftreten, aber eines haben sie alle gemeinsam: Sie bringen Ihre Ruhestandsplanung zum Scheitern. Wenn Sie diese Fallen frühzeitig erkennen und lernen, sie zu umgehen, können Sie später kostspielige Fehler vermeiden.

Eine der häufigsten Fallen besteht darin, auf Investitionen mit hohen Gebühren hereinzufallen. Ob es sich um einen Investmentfonds mit versteckten Gebühren handelt oder um einen Finanzberater, der hohe Provisionen verlangt, diese Kosten können mit der Zeit Ihre Rendite schmälern. Auf den ersten Blick scheint es nicht viel zu sein, aber über Jahrzehnte hinweg kann selbst ein kleiner Prozentsatz zu entgangenen Gewinnen in Höhe von mehreren Tausend Dollar führen. Der Schlüssel liegt darin, die mit Ihren Investitionen verbundenen Gebühren sorgfältig zu verstehen und nach Möglichkeit kostengünstige Optionen wie Indexfonds zu wählen.

Eine weitere Falle, auf die man achten sollte, ist die Inflation des Lebensstils. Wenn Sie im Laufe Ihrer Karriere mehr verdienen, ist es ganz natürlich, dass Sie Ihren Lebensstil verbessern möchten – schönere Kleidung, ein größeres Haus, mehr Urlaub. Aber wenn Sie Ihre Ausgaben jedes Mal erhöhen, wenn Ihr Einkommen steigt, haben Sie weniger, was Sie für den Ruhestand sparen können. Es ist wichtig, ein Gleichgewicht zwischen dem Genuss der Früchte Ihrer Arbeit heute und der Sicherstellung, dass Sie genug für morgen haben, zu finden. Eine Strategie besteht darin, sich dazu zu verpflichten, einen Prozentsatz jeder Gehaltserhöhung oder jedes Bonus, den Sie erhalten, zu sparen, anstatt zuzulassen, dass sich die Inflation Ihres Lebensstils einschleicht.

Schulden sind eine weitere große Falle, die Ihre Altersvorsorge behindern kann. Ganz gleich, ob es sich um Kreditkartenschulden, Studiendarlehen oder eine Hypothek handelt: Durch die Tilgung der Schulden wird das Geld gemindert, das Sie für den Ruhestand sparen könnten. Auch wenn es nicht immer möglich ist, Schulden ganz zu vermeiden, ist es wichtig, einen Plan zu haben, wie man sie so schnell und effizient wie möglich abbezahlen kann. Hochverzinsliche Schulden wie Kreditkartenguthaben sollten Vorrang haben, da die Zinsbelastung schnell außer Kontrolle geraten und Ihre finanziellen Ziele zunichte machen kann.

Und schließlich sollten Sie sich vor Anlagebetrug in Acht nehmen. Wenn Menschen kurz vor dem Ruhestand stehen, werden sie häufig zur Zielscheibe von Betrügern, die garantierte hohe Renditen bei geringem oder gar keinem Risiko versprechen. Die Realität ist, dass alle Investitionen mit einem gewissen Risiko verbunden sind, und wenn etwas zu gut klingt, um wahr zu sein, ist es das wahrscheinlich auch.

Bleiben Sie bei seriösen Finanzinstituten, recherchieren Sie und seien Sie vorsichtig, wenn jemand Sie dazu drängt, schnelle Entscheidungen über Ihr Geld zu treffen.

Die emotionale Seite der Ruhestandsplanung: Stress fernhalten

Man kann sich die Ruhestandsplanung leicht als reines Zahlenspiel vorstellen – wie viel Sie sparen müssen, welche Investitionen Sie wählen und wann Sie mit der Inanspruchnahme Ihrer Leistungen beginnen sollten. Aber die emotionale Seite der Ruhestandsplanung ist genauso wichtig und wird oft übersehen.

Eine der größten Stressquellen bei der Ruhestandsplanung ist die Angst, kein Geld mehr zu haben. Diese Angst kann dazu führen, dass Menschen entweder zwanghaft sparen und dabei ihre derzeitige Lebensqualität opfern oder das Problem ganz ignorieren in der Hoffnung, dass es sich irgendwie von selbst löst. Keiner dieser Ansätze ist gesund. Der Schlüssel liegt darin, einen Plan zu erstellen, der das Sparen für die Zukunft mit dem Leben in der Gegenwart in Einklang bringt. Es geht darum, die Gewissheit zu haben, dass man auf dem richtigen Weg ist, und sich nicht ständig Gedanken darüber machen zu müssen, ob man genug tut.

Eine weitere emotionale Herausforderung ist der Umgang mit der Ungewissheit der Zukunft. Bei der Ruhestandsplanung müssen viele Annahmen getroffen werden – wie lange Sie leben werden, wie Ihre Gesundheit sein wird, wie sich die Wirtschaft entwickeln wird. Diese Unsicherheit kann zu Ängsten und Lähmungen führen und es schwierig machen, Entscheidungen zu treffen. Der beste Weg, dem entgegenzuwirken, besteht darin, sich auf das zu konzentrieren, was Sie kontrollieren können. Auch wenn Sie die Zukunft nicht vorhersagen können, können Sie auf der Grundlage Ihres aktuellen Gesundheitszustands, Ihres Lebensstils und Ihrer finanziellen Situation fundierte Vermutungen anstellen. Sie können Ihren Plan auch flexibel gestalten, sodass Sie Optionen haben, wenn die Dinge nicht ganz wie erwartet laufen.

Hinzu kommt die emotionale Herausforderung, von der Einstellung des Sparens zur Einstellung des Geldausgebens überzugehen. Seit Jahrzehnten wird Ihnen gesagt, Sie sollen sparen, sparen, sparen, und wenn Sie schließlich in Rente gehen, kann es schwierig sein, den Gang zu wechseln und von den Ersparnissen zu profitieren. Manche Menschen haben ein schlechtes Gewissen oder haben Angst, ihre Altersvorsorge auszugeben, obwohl sie die ganze Zeit dafür gespart haben. Es ist wichtig, sich daran zu erinnern, dass Sie hart gearbeitet haben, um Ihren Notgroschen aufzubauen, und dass es in Ordnung ist, die Früchte Ihrer Arbeit zu genießen. Die Erstellung eines detaillierten Budgets für den Ruhestand kann den Übergang erleichtern, indem es Ihnen einen klaren Plan dafür gibt, wie viel Sie jeden Monat ausgeben können, ohne dass Ihre Ersparnisse zu schnell aufgebraucht werden.

Schließlich kann der Ruhestand viele Emotionen rund um Identität und Zweck hervorrufen. Für viele Menschen ist ihre Karriere ein großer Teil ihrer Persönlichkeit, und wenn sie diese hinter sich lässt, kann es sich anfühlen, als würde sie einen Teil ihrer selbst verlieren. Dies kann zu Verlustgefühlen, Ängsten oder sogar Depressionen führen. Es ist wichtig, nicht nur die finanzielle Seite des Ruhestands zu planen, sondern auch die emotionale und soziale Seite. Überlegen Sie, wie Sie Ihre Zeit verbringen, welchen Hobbys oder Interessen Sie nachgehen möchten und wie Sie mit Freunden und Familie in Kontakt bleiben. Ein Sinn für den Ruhestand kann einen großen Unterschied für Ihr allgemeines Glück und Wohlbefinden machen.

Maximieren Sie Ihre Einkommensströme im Ruhestand

Wenn Sie an den Ruhestand denken, denken Sie vielleicht sofort ans Sparen, aber es steckt noch viel mehr dahinter. Tatsächlich ist die Maximierung Ihrer Einkommensströme im Ruhestand genauso wichtig wie die Ersparnisse, die Sie im Laufe der Zeit aufgebaut haben. Das bedeutet, dass Sie das Beste aus dem machen, was Ihnen bereits zur Verfügung steht – wie zum Beispiel die Sozialversicherung – und gleichzeitig kreativ mit alternativen Strategien für passives Einkommen werden. Das ultimative Ziel besteht darin, mehrere Einnahmequellen zu schaffen, die Stabilität, Flexibilität und die Gewissheit bieten, dass Ihre goldenen Jahre frei von finanziellen Sorgen sein werden.

Soziale Sicherheit entmystifiziert

Die soziale Sicherheit ist oft der Eckpfeiler der Ruhestandsplanung, aber es herrscht große Verwirrung darüber, wie sie funktioniert und wie Sie sie maximieren können. Die Realität ist, dass die Sozialversicherung niemals Ihre einzige Einkommensquelle im Ruhestand sein sollte – sie sollte nur einen Teil Ihres Vorruhestandseinkommens ersetzen. Mit sorgfältiger Planung können Sie jedoch sicherstellen, dass Sie alle möglichen Vorteile aus dem System herausholen.

Beginnen wir mit den Grundlagen. Die Sozialversicherungsleistungen basieren auf Ihren 35 Jahren mit dem höchsten Verdienst. Wenn Sie nicht über 35 Verdienstjahre verfügen, werden bei der Berechnung Nullen berücksichtigt, was Ihre Leistung mindern kann. Aus diesem Grund ist es wichtig, sicherzustellen, dass Sie in den Jahren vor dem Ruhestand möglichst konstant arbeiten und verdienen. Jedes weitere Arbeitsjahr, das Sie leisten, kann möglicherweise ein Jahr mit niedrigem oder gar keinem

Einkommen ersetzen und so Ihren Nutzen erhöhen.

Als nächstes hat das Alter, in dem Sie beginnen, Sozialversicherungsansprüche zu beantragen, einen großen Einfluss darauf, wie viel Sie erhalten. Sie können bereits im Alter von 62 Jahren mit dem Bezug von Leistungen beginnen. In diesem Fall erhalten Sie jedoch einen geringeren Betrag – bis zu 30 % weniger als bei Ihrem vollen Rentenalter (das je nach Alter zwischen 66 und 67 Jahren liegt). als du geboren wurdest). Wenn Sie hingegen die Inanspruchnahme der Leistungen über Ihr volles Rentenalter hinaus hinauszögern, erhöht sich Ihre monatliche Leistung für jedes Jahr, in dem Sie warten, bis zum Alter von 70 Jahren um 8 %. Wenn Sie also bei guter Gesundheit sind und es sich leisten können, den Aufschub hinauszuzögern, Warten kann Ihren lebenslangen Nutzen erheblich steigern.

Aber bei der sozialen Sicherheit geht es nicht nur um Ihren eigenen Vorteil. Wenn Sie verheiratet, geschieden oder verwitwet sind, haben Sie möglicherweise Anspruch auf Ehegatten- oder Hinterbliebenenleistungen, die Ihr Ruhestandseinkommen erheblich steigern können. Wenn Ihr Ehepartner beispielsweise mehr verdient als Sie, können Sie bis zu 50 % seiner Sozialversicherungsleistung beanspruchen, auch wenn Sie nie gearbeitet haben. Wenn Sie geschieden sind und mindestens zehn Jahre verheiratet waren, können Sie immer noch Ehegattenleistungen auf der Grundlage des Einkommens Ihres Ex-Ehepartners beanspruchen, solange Sie nicht wieder geheiratet haben. Und wenn Ihr Ehepartner verstirbt, haben Sie möglicherweise Anspruch auf Hinterbliebenenleistungen, die 100 % dessen ausmachen können, was der Ehepartner erhalten hat.

Die soziale Sicherheit ist kompliziert, aber diese Komplexität bietet auch Möglichkeiten zur Maximierung Ihrer Leistungen, wenn Sie wissen, wie man sich im System zurechtfindet. Die Beratung durch einen auf soziale Sicherheit spezialisierten Finanzberater kann dabei helfen, sicherzustellen, dass Sie die bestmöglichen Entscheidungen für Ihre Situation treffen.

Passives Einkommen und alternative Strategien: Über das Offensichtliche hinaus denken

Obwohl die Sozialversicherung eine verlässliche Grundlage bietet, reicht sie selten aus, um alle Ausgaben für den Ruhestand zu decken. Hier kommen passives Einkommen und alternative Strategien ins Spiel. Wenn die meisten Menschen an passives Einkommen denken, stellen sie sich Dinge wie Mietobjekte oder Dividenden aus Aktien vor. Tatsächlich gibt es jedoch eine Vielzahl von Möglichkeiten, im Ruhestand ein Einkommen zu erzielen, für die keine Vollzeitbeschäftigung erforderlich ist.

Mieteinnahmen sind für viele Rentner eine beliebte Wahl, da sie mit relativ geringem Aufwand für einen stetigen Cashflow sorgen können, insbesondere wenn Sie einen

Immobilienverwalter mit der Abwicklung des Tagesgeschäfts beauftragen. Wenn Sie bereits ein Eigenheim besitzen, kann die Verkleinerung oder Vermietung eines Teils Ihrer Immobilie – beispielsweise einer Kellerwohnung – auch eine Möglichkeit sein, zusätzliches Einkommen zu generieren, ohne die Verantwortung für die Verwaltung einer weiteren Immobilie übernehmen zu müssen.

Dividendenausschüttende Aktien sind eine weitere häufige Quelle für passives Einkommen. Das Schöne an Dividendenerträgen ist, dass sie in der Regel zu einem niedrigeren Steuersatz als normale Erträge besteuert werden und Sie dadurch vom langfristigen Wachstum des Aktienmarktes profitieren können. Es ist jedoch wichtig, Ihre Anlagen zu diversifizieren und sich nicht zu stark auf eine einzelne Aktie oder einen bestimmten Sektor zu verlassen. Suchen Sie nach Unternehmen mit einer langen Geschichte stabiler und steigender Dividendenzahlungen und erwägen Sie die Investition in auf Dividenden ausgerichtete Investmentfonds oder

Exchange Traded Funds (ETFs), um Ihr Risiko weiter zu streuen.

Für diejenigen, die bereit sind, über den Tellerrand zu schauen, gibt es eine Reihe alternativer passiver Einkommensstrategien, die Ihr Ruhestandseinkommen ergänzen können. Peer-to-Peer-Kreditplattformen ermöglichen es Ihnen beispielsweise, Zinsen zu verdienen, indem Sie Geld direkt an Privatpersonen oder kleine Unternehmen verleihen. Obwohl diese Plattformen ein höheres Risiko bergen als herkömmliche Bankkonten, können sie höhere Renditen bieten. Ebenso können Sie durch die Investition in Immobilien-Crowdfunding Zugang zum Immobilienmarkt erhalten, ohne den Aufwand, Immobilien selbst zu verwalten.

Dann gibt es noch die Gig Economy, die nicht gerade passiv ist, aber eine flexible Möglichkeit bieten kann, Einnahmen zu Ihren eigenen Bedingungen zu generieren. Plattformen wie Airbnb, Turo (zum Vermieten Ihres Autos) und verschiedene Marktplätze für Freiberufler können es Ihnen ermöglichen, Vermögenswerte, die Sie bereits besitzen, oder Fähigkeiten, die Sie im Laufe der Jahre aufgebaut haben, zu nutzen, um zusätzliches Geld zu verdienen, ohne sich auf einen traditionellen Job festzulegen. Sie können auch darüber nachdenken, digitale Produkte wie E-Books, Online-Kurse oder Print-on-Demand-Artikel zu erstellen, die nach ihrer Erstellung mit minimalem laufenden Aufwand Umsätze generieren können.

Für welche passiven Einkommensstrategien Sie sich auch entscheiden, es ist wichtig, einen Plan zu haben, wie dieses Einkommen in Ihr gesamtes Ruhestandsbudget passt. Stellen Sie sicher, dass Sie alle mit Ihren passiven Einkommensquellen verbundenen Steuern, Gebühren oder Wartungskosten berücksichtigen, und schätzen Sie realistisch ein, wie viel Aufwand dafür erforderlich ist. Passives Einkommen ist nicht immer wirklich passiv – normalerweise ist zunächst etwas Arbeit damit verbunden –, aber die Belohnungen können sich durchaus lohnen.

Erstellen von Backup-Plänen – Sicherheitsnetze, die funktionieren

Selbst die beste Altersvorsorge kann schief gehen. Ganz gleich, ob es sich um ein unerwartetes Gesundheitsproblem, einen Abschwung an der Börse oder einen plötzlichen Anstieg der Lebenshaltungskosten handelt – das Leben bringt immer wieder unerwartete Überraschungen mit sich. Deshalb ist es so wichtig, Backup-Pläne zum Schutz Ihrer finanziellen Sicherheit zu haben.

Eines der wirksamsten Sicherheitsnetze ist ein robuster Notfallfonds. Auch im Ruhestand ist es wichtig, über genügend Bargeld zu verfügen, um den Lebensunterhalt von mindestens drei bis sechs Monaten zu decken. Dieser Fonds sollte auf einem liquiden, leicht zugänglichen Konto wie einem hochverzinslichen Sparkonto gehalten werden und nicht in Anlagen gebunden sein, deren Wert schwanken könnte. Mit einem Notfallfonds können Sie verhindern, dass Sie Ihre Altersvorsorge aufbrauchen – oder schlimmer noch, sich verschulden –, wenn etwas Unerwartetes passiert.

Ein weiteres wichtiges Sicherheitsnetz ist die Pflegeversicherung. Mit zunehmendem Alter steigt die Wahrscheinlichkeit, irgendeine Form von Langzeitpflege zu benötigen – sei es häusliche Pflege, betreutes Wohnen oder ein Pflegeheim. Leider deckt Medicare die meisten Langzeitpflegeleistungen nicht ab und die Kosten können enorm sein. Eine Pflegeversicherung kann dabei helfen, diese Kosten zu decken. So bewahren Sie Ihre Ersparnisse und vermeiden eine finanzielle Belastung für Ihre Familie. Je früher Sie eine Pflegeversicherung abschließen, desto niedriger fallen Ihre Prämien aus. Daher lohnt es sich, über diese Option nachzudenken, bevor Sie sie benötigen.

Wenn Sie ein Eigenheim besitzen, kann Ihr Eigenheimkapital auch als Backup-Plan dienen. Mit einer umgekehrten Hypothek können Sie beispielsweise das Eigenkapital Ihres Eigenheims nutzen, ohne es verkaufen zu müssen. Während

Umkehrhypotheken ihre Nachteile haben – etwa Gebühren und Zinsen, die sich im Laufe der Zeit summieren können – können sie eine praktikable Option für Rentner sein, die über ein Eigenheim, aber wenig Geld verfügen. Eine weitere Möglichkeit ist die Verkleinerung in ein kleineres, günstigeres Haus, wodurch Sie Geld freisetzen und Ihre Lebenshaltungskosten senken können.

Renten sind ein weiteres Instrument, das im Ruhestand für ein stetiges Einkommen sorgen kann. Im Gegensatz zu herkömmlichen Anlagen, die mit dem Markt schwanken, bieten Annuitäten garantierte Zahlungen für einen bestimmten Zeitraum oder sogar lebenslang. Dies kann Ihnen die Gewissheit geben, dass Sie ein konstantes Einkommen haben, unabhängig davon, was mit Ihren anderen Investitionen passiert. Rentenversicherungen können jedoch komplex sein und oft mit hohen Gebühren verbunden sein. Daher ist es wichtig, die Bedingungen vollständig zu verstehen, bevor Sie eine Verpflichtung eingehen.

Vergessen Sie nicht, wie wichtig es ist, einen soliden Nachlassplan zu haben. Auch wenn es sich möglicherweise nicht direkt auf Ihr Ruhestandseinkommen auswirkt, stellt ein Nachlassplan sicher, dass Ihr Vermögen nach Ihren Wünschen verteilt wird und dass für Ihre Lieben gesorgt wird. Dazu gehören ein Testament, eine lebende Treuhand (falls erforderlich) und Vollmachten für Gesundheit und Finanzen. Das Vorhandensein dieser Dokumente kann Ihrer Familie unnötigen Stress und Rechtsstreitigkeiten ersparen und Ihnen die Gewissheit geben, dass Ihre Angelegenheiten in Ordnung sind.

Indem Sie diese Backup-Pläne in Ihre Ruhestandsstrategie integrieren, sind Sie besser auf alle Herausforderungen vorbereitet, die auf Sie zukommen. Ganz gleich, ob es sich um eine unerwartete Ausgabe, einen Marktabschwung oder ein gesundheitliches Problem handelt: Das Vorhandensein von Sicherheitsnetzen stellt sicher, dass Sie Ihren Ruhestand mit Zuversicht genießen können, in der Gewissheit, dass alle Voraussetzungen erfüllt sind.

DER FAKTOR ZEIT

Wann sollten Sie in Rente gehen?

Wenn es um den Ruhestand geht, kann das Timing entscheidend sein. Die Entscheidung, wann Sie in den Ruhestand gehen, ist eine der persönlichsten und einflussreichsten finanziellen Entscheidungen, die Sie jemals treffen werden. Es geht nicht nur ums Geld, auch wenn die Finanzen einen großen Teil der Gleichung spielen. Es geht auch um Lebensstil, Gesundheit, persönliche Ziele und sogar unerwartete Lebensereignisse, die Sie zum Handeln zwingen können. Ganz gleich, ob Sie davon träumen, früher in den Ruhestand zu gehen, etwas länger zu arbeiten, um einen größeren Notgroschen zu verdienen, oder ob Sie einfach nur herausfinden möchten, wann der beste Zeitpunkt ist, Ihren Hut an den Nagel zu hängen: Es ist entscheidend, den Zeitfaktor im Ruhestand zu verstehen. Lassen Sie uns untersuchen, wie der Zeitpunkt

Ihres Ruhestands den Rest Ihres Lebens beeinflussen kann.

Vorruhestand vs. verspäteter Ruhestand: Vor- und Nachteile sowie Überraschungen

Früh in Rente zu gehen klingt wie ein Traum. Wer möchte nicht mehr Zeit zum Reisen, Entspannen oder mit der Familie verbringen? Aber wie die meisten Dinge ist auch der Vorruhestand mit Kompromissen verbunden, und es geht nicht nur um Sonnenschein und Strand. Auf der anderen Seite ist ein Aufschub des Ruhestands vielleicht nicht so glamourös, kann aber einige ernsthafte finanzielle Vorteile mit sich bringen, die sich auf lange Sicht auszahlen. Das Verständnis der Vor- und Nachteile sowie einiger Überraschungen auf dem Weg dorthin kann Ihnen bei der Entscheidung helfen, ob Sie vorzeitig in den Ruhestand gehen oder noch etwas länger im Berufsleben bleiben.

Einer der größten Vorteile des Vorruhestands ist die Freiheit, das Leben eher früher als später zu seinen eigenen Bedingungen zu genießen. Ganz gleich, ob Sie sich neuen Hobbys widmen, sich ehrenamtlich engagieren oder die Welt bereisen möchten – ein früher Ruhestand schenkt Ihnen Zeit. Doch diese Freiheit hat ihren Preis: Ihre Altersvorsorge muss sich über einen längeren Zeitraum erstrecken. Wenn Sie früher in Rente gehen, müssen Sie weniger Jahre sparen und haben mehr Jahre Zeit, um von Ihren Ersparnissen abzuheben. Wenn Sie zum Beispiel mit 50 aufhören zu arbeiten, könnten Ihnen 30 oder sogar 40 Jahre Ruhestand bevorstehen, was bedeutet, dass Sie einen erheblichen Notgroschen benötigen, um nicht über Ihr Geld hinauszuwachsen.

Es gibt auch das Problem der Gesundheitsversorgung. In den USA tritt Medicare erst im Alter von 65 Jahren in Kraft. Wenn Sie also früher in Rente gehen, müssen Sie eine andere Möglichkeit finden, die Gesundheitskosten zu decken. Eine private Versicherung kann teuer sein, und wenn Sie gesundheitliche Probleme haben, können diese Kosten schnell in die Höhe schnellen. Einige

Rentner schließen die Lücke mit einer vom Arbeitgeber gesponserten Krankenversicherung für Rentner, aber nicht alle Arbeitgeber bieten diese Leistung an.

Andererseits können Sie durch die Verschiebung des Ruhestands eine größere Altersvorsorge aufbauen und von den höheren Vorteilen profitieren, die das Warten mit sich bringt. Beispielsweise erhöhen sich Ihre Sozialversicherungsleistungen um etwa 8 % für jedes Jahr, in dem Sie die Inanspruchnahme über Ihr volles Rentenalter (bis zum Alter von 70 Jahren) hinauszögern. Dies kann später im Leben einen großen Unterschied in Ihrem monatlichen Einkommen machen. Wenn Sie länger arbeiten, haben Ihre Investitionen außerdem mehr Zeit, zu wachsen und Zinsen anzusammeln, was bedeutet, dass Sie ein größeres Polster haben, wenn Sie schließlich in den Ruhestand gehen.

Doch auf beiden Seiten der Gleichung gibt es Überraschungen. Einige Frührentner stellen fest, dass ihnen die Struktur und die sozialen Interaktionen der Arbeit fehlen oder dass ihnen die ganze Freizeit langweilig wird. Andere erleben finanzielle Rückschläge wie einen Marktabschwung oder unerwartete Ausgaben, die sie dazu zwingen, wieder zu arbeiten. Auf der anderen Seite stellen diejenigen, die den Ruhestand hinauszögern, oft fest, dass sie mehr Energie und Motivation haben, als sie erwartet hatten, und dass sie ihre Arbeit bis weit in die 60er oder sogar 70er Jahre genießen.

Letztendlich hängt die Entscheidung zwischen vorzeitiger Pensionierung und späterer Pensionierung von Ihren persönlichen Zielen, Ihrer finanziellen Situation und Ihrer Gesundheit ab. Es gibt keine allgemeingültige Antwort, aber das Abwägen der Vor- und Nachteile kann Ihnen helfen, eine fundierte Entscheidung zu treffen.

Der Altersfaktor: Wie sich das Timing auf Ihre Ersparnisse auswirkt

Das Alter, in dem Sie in Rente gehen, hat großen Einfluss darauf, wie viel Sie sparen müssen und wie lange Ihre Ersparnisse noch reichen. Es geht nicht nur darum, ein Datum im Kalender auszuwählen – es geht darum zu verstehen, wie sich unterschiedliche Rentenalter auf Ihre finanzielle Zukunft auswirken.

Beginnen wir mit den Grundlagen. Je früher Sie in Rente gehen, desto mehr müssen Sie gespart haben, ganz einfach, weil Ihre Ersparnisse länger halten müssen. Wenn Sie beispielsweise mit 62 Jahren in Rente gehen, müssen Sie abhängig von Ihrer Lebenserwartung möglicherweise 25 bis 30 Jahre lang für Ihren Lebensunterhalt aufkommen. Das bedeutet, dass Ihre Altersvorsorge ausreichend sein muss, um nicht nur die täglichen Ausgaben, sondern auch die Gesundheitsversorgung, unerwartete Kosten und die Inflation abzudecken.

Einer der bedeutendsten finanziellen Vorteile einer längeren Arbeitszeit ist die Möglichkeit, Ihre Altersvorsorge zu steigern. In den letzten Jahren Ihres Arbeitslebens verdienen Sie oft am meisten, was bedeutet, dass Sie größere Beiträge zu Ihrem 401(k) oder IRA leisten können. Tatsächlich können Sie ab dem 50. Lebensjahr von Nachholbeiträgen profitieren, die es Ihnen ermöglichen, mehr Geld auf Ihr Rentenkonto einzuzahlen als jüngere Arbeitnehmer. Dies kann einen großen Unterschied in Ihren Gesamteinsparungen machen.

Darüber hinaus gilt: Je länger Sie arbeiten, desto mehr können Sie von der Wirkung des Zinseszinses profitieren. Dies ist besonders wichtig, wenn Sie in den Aktienmarkt oder andere wachstumsorientierte Anlagen investiert haben. Jedes zusätzliche Jahr, in dem Ihr Geld investiert bleibt, bedeutet mehr Wachstum, und mit der Zeit verstärkt sich dieses Wachstum, sodass Sie einen größeren Notgroschen haben, wenn Sie schließlich in den Ruhestand gehen.

Dann gibt es noch die Sozialversicherung. Wie bereits erwähnt, kann das Alter, in dem Sie Sozialversicherungsleistungen in Anspruch nehmen, einen erheblichen Einfluss darauf haben, wie viel Sie erhalten. Wenn Sie Leistungen beziehen, sobald Sie im Alter von 62 Jahren anspruchsberechtigt sind, wird Ihr monatlicher Scheck um bis zu 30 % im Vergleich zu dem

Betrag gekürzt, den Sie erhalten würden, wenn Sie bis zum vollen Rentenalter (zwischen 66 und 67) warten würden. Wenn Sie noch länger warten, bis zum Alter von 70 Jahren, erhalten Sie für jedes Jahr, das Sie aufschieben, eine Erhöhung um 8 %. Dies kann sich im Laufe Ihres Ruhestands zu einer deutlich höheren monatlichen Leistung summieren.

Aber es gibt mehr zu beachten als nur die Zahlen. Ihre Gesundheit und Ihr Lebensstil spielen eine große Rolle bei der Entscheidung, wann Sie in den Ruhestand gehen. Wenn Sie bei guter Gesundheit sind und Spaß an Ihrer Arbeit haben, kann es finanziell sinnvoll sein, länger zu arbeiten. Wenn Sie jedoch gesundheitliche Probleme haben oder einfach keine Freude mehr an Ihrer Arbeit haben, kann sich ein früherer Ruhestand unter Umständen lohnen, dafür aber ein geringeres Sparpolster in Kauf nehmen zu müssen.

Letztlich kommt es beim Faktor Alter auf Ausgewogenheit an. Wenn Sie zu früh in den Ruhestand gehen und nicht über genügend

Ersparnisse verfügen, kann dies zu Problemen im späteren Leben führen. Zu langes Arbeiten kann Ihnen jedoch die Möglichkeit nehmen, Ihren Ruhestand zu genießen, während Sie noch gesund und aktiv sind. Der Schlüssel liegt darin, basierend auf Ihren finanziellen Zielen, Ihrer Gesundheit und Ihren persönlichen Prioritäten den idealen Punkt zu finden, der für Sie funktioniert.

Was tun, wenn das Leben einen Curveball wirft?

Egal wie sorgfältig Sie planen, das Leben stellt Sie immer wieder vor unerwartete Herausforderungen. Ob es sich um eine Gesundheitskrise, einen familiären Notfall oder einen wirtschaftlichen Abschwung handelt: Die Widrigkeiten des Lebens können selbst die besten Ruhestandspläne zum Scheitern bringen. Der Schlüssel liegt darin, flexibel zu bleiben und einen Backup-Plan zu haben, damit Sie nicht überrascht werden.

Eine der häufigsten Überraschungen, mit denen Menschen kurz vor dem Ruhestand konfrontiert werden, ist der plötzliche Verlust des Arbeitsplatzes. Ganz gleich, ob es sich um Entlassungen, Unternehmensumstrukturierungen oder gesundheitliche Probleme handelt, die Sie früher als erwartet aus dem Arbeitsleben zwingen: Der Verlust Ihres Arbeitsplatzes kurz vor der Pensionierung kann ein schwerer finanzieller Schlag sein. Wenn Ihnen dies passiert, ist der erste Schritt, tief durchzuatmen und Ihre finanzielle Situation neu zu bewerten. Sehen Sie sich Ihre Ersparnisse, Ihre Ausgaben und Ihre potenziellen Einnahmequellen an - etwa Arbeitslosengeld oder Teilzeitarbeit - und überlegen Sie sich einen Plan, wie Sie den Übergang bewältigen können.

Wenn Sie noch einige Jahre von Ihrem geplanten Rentenalter entfernt sind, müssen Sie möglicherweise Ihr Budget kürzen und sich auf den Aufbau Ihres Notfallfonds konzentrieren. Sie könnten auch darüber nachdenken, nach einer Teilzeit- oder freiberuflichen Tätigkeit zu suchen, um neben der Suche nach einem Vollzeitjob ein zusätzliches Einkommen zu erzielen. Und wenn Sie kurz vor dem Ruhestand stehen, ist es möglicherweise an der Zeit, darüber nachzudenken, ob Sie etwas früher als geplant in den Ruhestand gehen können oder ob Sie auf Ihre Ersparnisse zurückgreifen müssen, um die Lücke zu schließen.

Ein weiteres häufiges Problem ist ein unerwartetes Gesundheitsproblem. Gesundheitskosten können eine der größten Ausgaben im Ruhestand sein, insbesondere wenn Sie vor dem 65. Lebensjahr in Rente gehen und noch keinen Anspruch auf Medicare haben. Wenn Sie von einer Gesundheitskrise betroffen sind, ist es wichtig, einen Plan zur Deckung der medizinischen Kosten zu haben. Dies kann bedeuten, dass Sie auf Ihr Gesundheitssparkonto (HSA) zurückgreifen, falls Sie eines haben, oder nach Optionen wie COBRA oder einer privaten Krankenversicherung suchen, um die Lücke zu schließen, bis Medicare einsetzt.

Für viele Rentner kann die Börse selbst eine Herausforderung sein. Ein starker Marktabschwung kurz vor oder während des Ruhestands kann den Wert Ihrer Investitionen erheblich verringern, sodass Sie weniger Geld zum Leben haben. In diesem Fall ist es wichtig, Ruhe zu bewahren und vorschnelle Entscheidungen zu vermeiden. Der Verkauf von Investitionen während eines Abschwungs kann Ihre Verluste eindämmen, daher ist es oft besser, den Sturm zu überstehen, wenn Sie können. Hier kann sich ein diversifiziertes Portfolio wirklich auszahlen. Wenn Sie Ihre Investitionen auf verschiedene Anlageklassen wie Aktien, Anleihen und Immobilien verteilt haben, sind Sie besser aufgestellt, um Marktvolatilitäten zu überstehen.

Schließlich können familiäre Notfälle auch Ihre Altersvorsorge durchkreuzen. Ganz gleich, ob es darum geht, einem erwachsenen Kind zu helfen, das in finanziellen Schwierigkeiten steckt, oder sich um einen alternden Elternteil zu kümmern – familiäre Verpflichtungen erfordern manchmal, dass Sie früher als erwartet auf Ihre Ersparnisse zurückgreifen müssen. Auch wenn der Wunsch,

Ihren Lieben zu helfen, selbstverständlich ist, ist es wichtig, deren Bedürfnisse mit der eigenen finanziellen Sicherheit in Einklang zu bringen. Versuchen Sie nach Möglichkeit, Grenzen zu setzen oder andere Optionen auszuloten – etwa staatliche Hilfsprogramme für ältere Eltern –, bevor Sie Ihre Altersvorsorge aufbrauchen.

Wenn das Leben mal aus den Fugen gerät, ist es am wichtigsten, flexibel und anpassungsfähig zu bleiben. Wenn Sie über einen Notfallfonds verfügen, Ihre Fähigkeiten auf dem neuesten Stand halten und offen für Teilzeit- oder freiberufliche Tätigkeiten bleiben, können Sie das Unerwartete meistern und auf dem richtigen Weg zu Ihren Ruhestandszielen bleiben.

ANPASSUNG AN DAS UNBEKANNTE

Wenn wir den Ruhestand planen, konzentrieren wir uns oft auf das, was wir vorhersagen können – unsere Ersparnisse, unsere Sozialversicherungsleistungen und vielleicht sogar darauf, wie wir unsere Zeit verbringen möchten. Aber das Leben ist unvorhersehbar und das Unbekannte kann die größte Herausforderung sein, wenn es um Ihre finanzielle Sicherheit im Ruhestand geht. Ob steigende Gesundheitskosten, Inflation oder unerwartete Lebensereignisse – das Erlernen der Anpassung an diese Variablen ist der Schlüssel zum Aufbau eines Altersvorsorgeplans, der dem Zahn der Zeit standhält. Die gute Nachricht? Sie können sich getrost auf diese Ungewissheiten vorbereiten und sicherstellen, dass Ihr Ruhestand finanziell stabil und angenehm bleibt.

Vorbereitung auf Gesundheitskosten: Realität, keine Panikmache

Eine der häufigsten Ängste vor dem Ruhestand ist die Frage, wie die Gesundheitskosten verwaltet werden sollen. Es ist kein Geheimnis, dass die Gesundheitsausgaben mit zunehmendem Alter tendenziell steigen, aber es herrscht große Verwirrung und, ehrlich gesagt, Panikmache darüber, wie viel man wirklich für Arztrechnungen sparen muss. Es ist wichtig, sich auf die Gesundheitskosten im Ruhestand vorzubereiten, aber es ist wichtig, die Realität von Panikmache zu trennen.

Schauen wir uns zunächst die Fakten an. Ja, Gesundheitsversorgung kann teuer sein. Eine Studie von Fidelity Investments schätzt, dass das durchschnittliche 65-jährige Paar, das im Jahr 2023 in den Ruhestand geht, etwa 315.000 US-Dollar benötigen wird, um die medizinischen Kosten während des Ruhestands zu decken. Diese Zahl kann entmutigend wirken, aber es ist wichtig zu bedenken, dass diese Zahl alles umfasst, von Medicare-Prämien bis hin zu

Selbstbeteiligungen wie Zuzahlungen, verschreibungspflichtige Medikamente und Langzeitpflege. Außerdem ist es über 20 bis 30 Jahre verteilt und nicht auf einmal erforderlich.

Medicare, das ab dem 65. Lebensjahr in Kraft tritt, deckt einen großen Teil Ihrer medizinischen Kosten ab, ist jedoch nicht kostenlos und deckt nicht alles ab. Sie müssen weiterhin Prämien, Selbstbehalte und Zuzahlungen sowie Dienstleistungen wie Zahn-, Seh- und Hörpflege einplanen, die nicht von Medicare abgedeckt werden. Wenn Sie vor Ihrem 65. Lebensjahr in Rente gehen, müssen Sie auch eine Krankenversicherung abrechnen, um die Lücke zu schließen, bis Sie Anspruch auf Medicare haben, was erhebliche Kosten verursachen kann.

Eine Möglichkeit, sich auf Gesundheitskosten vorzubereiten, besteht darin, ein Gesundheitssparkonto (HSA) zu eröffnen, sofern Sie dazu berechtigt sind. Ein HSA ist ein steuerbegünstigtes Konto, mit dem Sie Geld speziell für medizinische Ausgaben sparen können. Das Beste daran? HSA-Beiträge sind steuerlich absetzbar, das Geld wächst steuerfrei und Abhebungen für qualifizierte medizinische Ausgaben sind ebenfalls steuerfrei. Auch wenn Sie am Ende nicht das gesamte Geld Ihres HSA verwenden, können Sie es nach dem 65. Lebensjahr für nichtmedizinische Ausgaben verwenden, obwohl Sie auf diese Abhebungen die reguläre Einkommenssteuer zahlen.

Eine weitere Möglichkeit, die Gesundheitskosten im Ruhestand zu verwalten, besteht darin, eine Zusatzversicherung in Betracht zu ziehen, die oft als Medigap bezeichnet wird. Diese Policen können dazu beitragen, einige der Kosten zu decken, die Medicare nicht übernimmt, wie z. B. Selbstbehalte und Zuzahlungen. Obwohl für die Medigap-Pläne monatliche Prämien anfallen, können sie Ihnen Sicherheit bieten, indem Sie Ihre Auslagen reduzieren.

Der Schlüssel zur Vorbereitung auf Gesundheitskosten liegt darin, diese einzuplanen, sich aber nicht von ihnen überfordern zu lassen. Indem Sie Ihre

Medicare-Optionen verstehen, eine Zusatzversicherung in Betracht ziehen und wenn möglich bei einer HSA sparen, können Sie diese Ausgaben verwalten, ohne dass Angst Ihre Altersvorsorgepläne diktiert.

Schützen Sie Ihren Ruhestand vor Inflation

Die Inflation ist eine dieser heimtückischen Kräfte, die Ihre Kaufkraft im Laufe der Zeit still und leise untergraben kann. Selbst eine relativ niedrige Inflationsrate von 2 bis 3 % kann über einen Zeitraum von 20 oder 30 Jahren erhebliche Auswirkungen auf Ihre Altersvorsorge haben. Deshalb ist es wichtig, Ihren Ruhestand inflationssicher zu gestalten, um sicherzustellen, dass Ihr Geld so weit reicht, wie Sie es benötigen.

Der erste Schritt zum Schutz vor Inflation besteht darin, zu verstehen, wie sie funktioniert. Unter Inflation versteht man den allgemeinen Preisanstieg im Laufe der Zeit. Das bedeutet, dass man mit dem gleichen Geldbetrag in

Zukunft weniger kaufen kann als heute. Wenn die Inflation beispielsweise durchschnittlich 3 % pro Jahr beträgt, wird etwas, das heute 1.000 US-Dollar kostet, in 20 Jahren über 1.800 US-Dollar kosten. Wenn Sie im Ruhestand von einem festen Einkommen leben, kann dies ein echtes Problem sein.

Eine der besten Möglichkeiten, sich vor Inflation zu schützen, besteht darin, sicherzustellen, dass Ihre Investitionen auf Wachstum ausgerichtet sind. Obwohl konservative Anlagen wie Anleihen für Stabilität sorgen können, halten sie in der Regel nicht mit der Inflation Schritt. Aktien hingegen haben in der Vergangenheit langfristig gesehen besser abgeschnitten als die Inflation. Während Aktien mit einem höheren Risiko verbunden sind, kann ein diversifiziertes Portfolio, das ein gewisses Engagement in Aktien beinhaltet, dazu beitragen, dass Ihre Altersvorsorge wächst und Sie mit steigenden Preisen Schritt halten können.

Ein weiteres Instrument, um Ihren Ruhestand vor Inflation zu schützen, sind Treasury

Inflation-Protected Securities (TIPS). TIPS sind Staatsanleihen, die speziell zum Schutz vor Inflation konzipiert sind. Der Kapitalwert von TIPS steigt mit der Inflation, gemessen am Verbraucherpreisindex (VPI). Das bedeutet, dass mit steigender Inflation auch der Wert Ihrer TIPS-Investition steigt. Auch wenn die Rendite von TIPS möglicherweise nicht so hoch ist wie die von Aktien, bieten sie eine garantierte Absicherung gegen Inflation.

Auch die Sozialversicherung spielt eine Rolle bei der Inflationssicherheit Ihres Ruhestands. Die Sozialversicherungsleistungen werden jedes Jahr durch eine Anpassung der Lebenshaltungskosten (COLA) an die Inflation angepasst. Obwohl der COLA nicht immer den tatsächlichen Anstieg der Lebenshaltungskosten vollständig widerspiegelt, bietet er Rentnern dennoch einen gewissen Inflationsschutz. Je länger Sie die Inanspruchnahme der Sozialversicherung hinauszögern, desto höher wird Ihre monatliche Leistung sein, und die COLA gilt für den Rest Ihres Lebens für diese höhere Leistung.

Zusätzlich zu Ihren Investitionen und der Sozialversicherung können auch Ihre Lebensstilentscheidungen zum Schutz vor Inflation beitragen. Wenn Sie planen, Ihr Zuhause zu verkleinern oder im Ruhestand in eine kostengünstigere Gegend zu ziehen, können Sie möglicherweise einen Teil der Auswirkungen der Inflation ausgleichen, indem Sie Ihre Lebenshaltungskosten senken. Ebenso kann Ihnen die Aufrechterhaltung eines flexiblen Budgets, das Anpassungen bei steigenden Preisen ermöglicht, dabei helfen, der Inflation einen Schritt voraus zu sein, ohne Ihre Lebensqualität zu beeinträchtigen.

Inflation ist eine Realität des Lebens, aber sie muss Ihre Altersvorsorgepläne nicht zunichte machen. Indem Sie in Wachstum investieren, inflationsgeschützte Anlagen in Betracht ziehen und intelligente Lebensstilentscheidungen treffen, können Sie sicherstellen, dass Ihre Ersparnisse mit steigenden Kosten Schritt halten.

Mit unerwarteten Lebensereignissen souverän umgehen

Egal wie sorgfältig Sie planen, das Leben stellt Sie immer wieder vor unerwartete Herausforderungen. Ganz gleich, ob es sich um eine Gesundheitskrise, einen familiären Notfall oder einen wirtschaftlichen Abschwung handelt: Der selbstbewusste Umgang mit diesen Herausforderungen ist der Schlüssel zur Aufrechterhaltung Ihrer finanziellen Sicherheit im Ruhestand.

Der erste Schritt zur Vorbereitung auf das Unerwartete ist der Aufbau eines soliden Notfallfonds. Idealerweise sollten Sie über ausreichend Bargeld verfügen, um die Lebenshaltungskosten für mindestens sechs Monate zu decken. Dadurch erhalten Sie ein finanzielles Polster, auf das Sie zurückgreifen können, wenn etwas Unerwartetes passiert, etwa ein medizinischer Notfall oder eine größere Reparatur Ihres Hauses. Ein Notfallfonds kann Ihnen helfen, während eines Marktabschwungs nicht auf Ihre Altersvorsorge zu verzichten oder

Investitionen zu verkaufen, was Ihrer langfristigen finanziellen Sicherheit schaden könnte.

Neben einem Notfallfonds ist die richtige Versicherung von entscheidender Bedeutung für den Umgang mit den Widrigkeiten des Lebens. Eine Pflegeversicherung kann beispielsweise bei Bedarf die Kosten für ein Pflegeheim oder eine häusliche Pflege decken. Diese Art der Pflege kann unglaublich teuer sein und ohne Versicherung Ihre Altersvorsorge schnell aufzehren. Eine Langzeitpflegeversicherung kann Ihnen die Gewissheit geben, dass Sie abgesichert sind, wenn Sie jemals Hilfe bei alltäglichen Aktivitäten benötigen.

Eine weitere Versicherungsform, die Sie in Betracht ziehen sollten, ist die Lebensversicherung, insbesondere wenn Sie Angehörige oder einen Ehepartner haben, der durch Ihren Tod finanziell beeinträchtigt würde. Während Lebensversicherungen in der Regel früher im Leben wichtiger sind, wenn Sie kleine Kinder haben oder eine Hypothek aufnehmen, können sie dennoch eine Rolle bei der Ruhestandsplanung spielen, insbesondere wenn Sie ein finanzielles Erbe hinterlassen oder sicherstellen möchten, dass für Ihren Ehepartner gesorgt ist.

Die Nachlassplanung ist ein weiterer wichtiger Aspekt der Vorbereitung auf das Unbekannte. Mit einem Testament, einer Vorsorgeverfügung und einer Vorsorgevollmacht können Sie sicherstellen, dass Ihre Wünsche umgesetzt werden, falls Ihnen etwas zustößt. Es kann auch Ihren Lieben die Arbeit erleichtern und die finanzielle und emotionale Belastung in einer ohnehin schwierigen Zeit verringern.

Schließlich ist es wichtig, flexibel und anpassungsfähig zu bleiben, um mit den Überraschungen des Lebens umzugehen. Der Ruhestand ist ein langer Weg, und auf dem Weg dorthin werden sich zwangsläufig Dinge ändern. Ganz gleich, ob es sich um einen Marktabschwung handelt, der sich auf Ihre Investitionen auswirkt, oder um einen familiären Notfall, der Ihre Aufmerksamkeit erfordert: Die

Bereitschaft, Ihre Pläne anzupassen und bei Bedarf Änderungen vorzunehmen, wird Ihnen dabei helfen, das Unbekannte mit Zuversicht zu meistern.

Der Umgang mit unerwarteten Lebensereignissen bedeutet nicht, dass Sie alle Antworten im Voraus haben müssen. Es geht darum, ein starkes finanzielles Fundament aufzubauen, über die richtigen Versicherungs- und Rechtsdokumente zu verfügen und flexibel genug zu bleiben, um sich an alles anzupassen, was auf Sie zukommt. Mit diesen Schritten können Sie mit Zuversicht in den Ruhestand gehen und wissen, dass Sie auf das Unbekannte vorbereitet sind.

Damit Ihr Geld lange hält

Die Exit-Strategie

Beim Ruhestand geht es nicht nur darum, ein bestimmtes Alter zu erreichen und von der Arbeit zurückzutreten; Es geht auch darum, sicherzustellen, dass das Geld, für das Sie so hart gearbeitet haben, für den Rest Ihres Lebens reicht. Die Ausarbeitung einer Ausstiegsstrategie für Ihre Finanzen ist unerlässlich, wenn Sie einen komfortablen Lebensstil aufrechterhalten möchten, ohne befürchten zu müssen, dass Ihnen das Geld ausgeht. Es ist, als würde man einen langen Roadtrip planen: Sie wissen, wohin Sie wollen, müssen aber sicherstellen, dass Sie genug Kraftstoff im Tank haben, um dorthin zu gelangen. In diesem Fall handelt es sich bei diesem Treibstoff um Ihre Altersvorsorge, und um diese langfristig zu sichern, bedarf es einer Mischung aus sorgfältiger Planung, durchdachten Ausgaben und klugen Investitionsentscheidungen.

Wie man mit Bedacht Geld ausgibt, ohne auf Komfort zu verzichten

Wenn Sie in den Ruhestand gehen, wird die Verwaltung Ihrer Ausgaben zu einem der wichtigsten Aspekte, um sicherzustellen, dass Ihr Geld ausreicht. Auch wenn die Versuchung groß sein mag, sich etwas zu gönnen – schließlich haben Sie es sich verdient –, können zu hohe Ausgaben in den ersten Jahren des Ruhestands Ihre Ersparnisse schnell aufzehren. Mit Bedacht auszugeben bedeutet jedoch nicht, ein Leben voller Entbehrungen zu führen oder auf die Dinge zu verzichten, die einem Freude bereiten. Es geht darum, ein Gleichgewicht zu finden zwischen dem Genuss Ihres Ruhestands und der Sicherstellung, dass Sie Ihre Ersparnisse nicht überdauern.

Eine der besten Möglichkeiten, die Ausgaben im Ruhestand anzugehen, besteht darin, ein Budget zu erstellen, das Ihre Prioritäten widerspiegelt. Trennen Sie zunächst Ihre wesentlichen Ausgaben wie Unterkunft, Gesundheitsversorgung, Lebensmittel und

Versorgung von Ihren diskretionären Ausgaben wie Reisen, Essen gehen und Hobbys. Dadurch erhalten Sie ein klares Bild davon, wie viel von Ihrem Einkommen für lebensnotwendige Dinge verwendet wird und wie viel für die unterhaltsamen Dinge zur Verfügung steht. Von dort aus können Sie Anpassungen vornehmen, um sicherzustellen, dass Ihre Ausgaben Ihren finanziellen Zielen entsprechen.

Für viele Rentner ist die Unterbringung eine der größten Ausgaben. Durch die Verkleinerung in ein kleineres Haus, den Umzug in eine günstigere Gegend oder sogar die Erkundung von Optionen wie Seniorenwohngemeinschaften können Sie Ihre monatlichen Kosten senken und Geld für andere Aktivitäten freisetzen. Es lohnt sich auch zu überlegen, wie viel von Ihren Freizeitausgaben Sie in den ersten Jahren des Ruhestands, in denen Sie wahrscheinlich über die meiste Energie und Mobilität verfügen, für Reisen oder andere Erlebnisse aufwenden möchten. Durch vorausschauende Planung können Sie verhindern, dass Sie zu früh zu viel ausgeben, und so während Ihrer Rentenjahre einen komfortablen Lebensstil beibehalten.

Ein Trick, um die Ausgaben zu verwalten, ohne sich eingeschränkt zu fühlen, ist die 50/30/20-Regel. Dieser einfache Rahmen unterteilt Ihr Einkommen in drei Kategorien: 50 % für Bedürfnisse, 30 % für Bedürfnisse und 20 % für Ersparnisse oder Schuldentilgung. Diese Regel wird zwar häufig von jüngeren Menschen genutzt, kann aber auch im Ruhestand angewendet werden, um Ihre Ausgaben unter Kontrolle zu halten und dennoch Raum für Vergnügen zu lassen. Denken Sie daran, es geht nicht darum, sich die Freuden des Lebens zu verweigern, sondern vielmehr darum, bewusste Entscheidungen zu treffen, die Ihre finanzielle Sicherheit für die kommenden Jahre gewährleisten.

Schließlich sollten Sie sich über die Inflation des Lebensstils im Klaren sein. Besonders nach so vielen Jahren harter Arbeit verfällt man leicht in die Einstellung „Das habe ich verdient", aber ein Auge darauf zu haben, wie sich kleine Luxusgüter summieren, kann einen großen Unterschied machen. Gelegentliche Leckereien sind in Ordnung, aber routinemäßiger Genuss kann Ihre Ersparnisse schmälern. Wenn Sie Ihre Ausgabengewohnheiten im Auge behalten, können Sie Ihre Finanzen im Auge behalten, ohne auf den Komfort zu verzichten, den Sie verdienen.

Auszahlungsstrategien: Ersparnisse richtig ausschöpfen

Sobald Sie in Rente gehen, ist die Frage, wie Sie von Ihren Ersparnissen abheben können, genauso wichtig wie die Entscheidung, wie viel Sie überhaupt sparen möchten. Das Ziel besteht darin, Ihren Notgroschen so lange wie möglich auszudehnen. Dazu ist eine Auszahlungsstrategie erforderlich, die die Generierung von Einkommen mit der Erhaltung Ihres Kapitals in Einklang bringt.

Einer der bekanntesten Ansätze ist die 4 %-Regel. Diese Regel legt nahe, dass Sie im ersten Rentenjahr bedenkenlos 4 % Ihrer Ersparnisse abheben und diesen Betrag dann jedes Jahr an die Inflation anpassen können. Wenn Sie beispielsweise mit einer gesparten Million US-Dollar in den Ruhestand gehen, würden Sie im ersten Jahr 40.000 US-Dollar abheben. Die Idee dahinter ist, dass Sie durch das Abheben dieses Betrags verhindern, dass Ihre Ersparnisse zu schnell aufgebraucht werden, und gleichzeitig über ein ausreichendes Einkommen zum Leben verfügen.

Obwohl die 4 %-Regel eine hilfreiche Richtlinie sein kann, ist sie nicht narrensicher. Es geht von einer konstanten Rendite Ihrer Investitionen aus und berücksichtigt weder Marktvolatilität noch persönliche Ausgabegewohnheiten. Wenn Sie in den ersten Jahren Ihres Ruhestands erhebliche Marktabschwünge erleben oder hohe, unerwartete Ausgaben haben, ist eine Abhebung von 4 % möglicherweise nicht nachhaltig. In diesen Fällen kann es sinnvoll sein, Ihre Auszahlungsrate flexibler zu gestalten und sie an die Leistung Ihres Portfolios und Ihre aktuellen Bedürfnisse anzupassen.

Eine weitere beliebte Strategie ist der Bucket-Ansatz, der Ihre Ersparnisse in verschiedene „Buckets" aufteilt, je nachdem, wann Sie das Geld benötigen. Beispielsweise könnten Sie einen kurzfristigen Bereich für die ersten fünf Jahre nach dem Ruhestand haben, der mit konservativeren Anlagen wie Anleihen oder Bargeld gefüllt ist, und einen langfristigen Bereich für die Jahre 10 und darüber hinaus, der aggressiver in Aktien investiert. Die Idee besteht darin, zunächst aus dem kurzfristigen Bereich zu schöpfen, um Ihren langfristigen Investitionen Zeit zum Wachsen zu geben. Während Sie in den Ruhestand gehen, füllen Sie den kurzfristigen Bereich regelmäßig aus dem langfristigen Bereich auf. Diese Methode hilft, sich vor Marktschwankungen zu schützen und stellt sicher, dass Sie immer dann Geld zur Verfügung haben, wenn Sie es brauchen.

Darüber hinaus ist es wichtig, die Reihenfolge zu berücksichtigen, in der Sie von verschiedenen Konten abheben. Die traditionelle Weisheit besagt, dass man zunächst von steuerpflichtigen

Konten abheben sollte, gefolgt von steuerbegünstigten Konten wie traditionellen IRAs oder 401(k)s und schließlich von steuerfreien Konten wie Roth-IRAs. Diese Strategie kann dazu beitragen, Ihre Steuerschuld im Ruhestand zu minimieren und dafür zu sorgen, dass Ihre steuerbegünstigten Konten so lange wie möglich steuerfrei weiterwachsen.

Beachten Sie, dass obligatorische Abhebungen, sogenannte Required Minimum Distributions (RMDs), bei den meisten Rentenkonten, einschließlich traditioneller IRAs und 401(k)s, im Alter von 73 Jahren (Stand 2023) beginnen. Diese Abhebungen sind gesetzlich vorgeschrieben und richten sich nach Ihrer Lebenserwartung und dem Kontostand. Wenn Sie Ihre RMDs nicht abheben, kann dies zu hohen Strafen führen. Stellen Sie daher sicher, dass Sie diese Abhebungen als Teil Ihrer Gesamtstrategie einplanen.

Letztendlich ist Flexibilität der Schlüssel zur Erweiterung Ihrer Ersparnisse. Niemand kann die Zukunft mit Sicherheit vorhersagen. Wenn

Sie also einen Plan haben, der unterwegs Anpassungen zulässt, haben Sie die besten Chancen, dass Ihr Geld für die Dauer Ihres Ruhestands ausreicht.

Schützen Sie Ihren Notgroschen: Einfache Schritte für ein langes Leben

Während es wichtig ist, eine Auszahlungsstrategie zu entwickeln, ist es ebenso wichtig, Ihren Notgroschen vor potenziellen Bedrohungen zu schützen. Von Marktabschwüngen bis hin zu unerwarteten Ausgaben gibt es mehrere Faktoren, die Ihre Ersparnisse aufzehren könnten, wenn Sie nicht vorbereitet sind. Die gute Nachricht ist, dass Sie mit einfachen Schritten Ihre finanzielle Zukunft sichern und sicherstellen können, dass Ihr Geld so lange reicht, wie Sie es brauchen.

Eine der besten Möglichkeiten, Ihren Notgroschen zu schützen, ist die Pflege eines diversifizierten Anlageportfolios. Bei der Diversifizierung geht es darum, Ihre

Investitionen auf verschiedene Anlageklassen – wie Aktien, Anleihen und Immobilien – zu verteilen, sodass keine einzelne Anlage Ihr Portfolio dominiert. Dies trägt dazu bei, Ihr Gesamtrisiko zu reduzieren, da die schlechte Performance einer Anlageklasse durch Gewinne einer anderen ausgeglichen werden kann. Obwohl Diversifizierung keine Garantie gegen Verluste bietet, kann sie einen gewissen Schutz vor Marktvolatilität bieten und dabei helfen, Ihre Ersparnisse langfristig zu bewahren.

Ein weiterer wichtiger Schritt zum Schutz Ihres Notgroschens ist die Einrichtung eines Notfallfonds. Selbst im Ruhestand tauchen unerwartete Ausgaben auf – sei es eine größere Hausreparatur, ein medizinischer Notfall oder ein Familienmitglied, das finanzielle Hilfe benötigt. Ohne einen Notfallfonds kann es sein, dass Sie zu einem ungünstigen Zeitpunkt von Ihrem Altersguthaben abheben müssen, was sich nachhaltig auf Ihr Portfolio auswirken kann. Idealerweise sollte Ihr Notfallfonds die Lebenshaltungskosten für mindestens sechs

Monate decken und auf einem liquiden, leicht zugänglichen Konto gehalten werden.

Neben einem Notfallfonds kann auch die richtige Versicherung zum Schutz Ihrer Ersparnisse beitragen. Eine Pflegeversicherung kann beispielsweise die Kosten für betreutes Wohnen oder häusliche Pflege abdecken, was ohne entsprechende Planung finanziell verheerende Folgen haben kann. Auch wenn eine Langzeitpflegeversicherung teuer sein kann, lohnt es sich oft, beruhigt zu sein, wenn man weiß, dass man bei Bedarf seine Ersparnisse nicht aufbrauchen muss, um die Pflege zu bezahlen.

Es ist auch wichtig, die Auswirkungen der Inflation auf Ihre Altersvorsorge zu berücksichtigen. Selbst eine geringe Inflation kann Ihre Kaufkraft im Laufe der Zeit untergraben, insbesondere wenn Sie von einem festen Einkommen leben. Um sich davor zu schützen, stellen Sie sicher, dass ein Teil Ihres Portfolios in Vermögenswerte investiert ist, die das Potenzial haben, die Inflation zu übertreffen, wie zum Beispiel Aktien oder inflationsgeschützte Anleihen (wie Treasury Inflation-Protected Securities oder TIPS). Wenn Sie Ihre Investitionen an die Inflation anpassen, können Sie sicherstellen, dass Ihre Ersparnisse im Laufe der Zeit ihren Wert behalten.

Eine weitere einfache, aber effektive Möglichkeit, Ihren Notgroschen zu schützen, besteht darin, unnötige Gebühren und Steuern zu vermeiden. Das bedeutet, dass Sie die mit Ihren Anlagen verbundenen Gebühren, wie z. B. Kostenquoten für Investmentfonds oder Handelsprovisionen, im Auge behalten und nach Möglichkeit kostengünstige Optionen wählen. Es bedeutet auch, steuerbegünstigte Konten wie Roth IRAs zu nutzen, die es Ihren Ersparnissen ermöglichen, steuerfrei zu wachsen und eine wertvolle Quelle steuerfreien Einkommens im Ruhestand darstellen können.

Unterschätzen Sie nicht, wie wichtig es ist, Ihren Plan regelmäßig zu überprüfen. So wie sich Ihre Bedürfnisse und Ziele im Laufe der Zeit ändern, sollte sich auch Ihre Ruhestandsstrategie ändern.

Lebensereignisse wie eine Veränderung des Gesundheitszustands, die Geburt eines Enkelkindes oder sogar eine Erbschaft können sich alle auf Ihre Finanzplanung auswirken. Indem Sie Ihren Plan mindestens einmal im Jahr überprüfen und bei Bedarf Anpassungen vornehmen, können Sie auf dem richtigen Weg bleiben, Ihren Notgroschen schützen und sicherstellen, dass Ihr Geld während Ihres Ruhestands ausreicht.

Beim Schutz Ihrer Ersparnisse geht es nicht darum, drastische Änderungen vorzunehmen oder unnötige Risiken einzugehen. Es geht darum, kluge und durchdachte Entscheidungen zu treffen, die Ihre finanzielle Zukunft sichern. Indem Sie Ihre Anlagen diversifizieren, einen Notfallfonds unterhalten und auf Gebühren und Steuern achten, können Sie den Ruhestand genießen, von dem Sie schon immer geträumt haben – ohne sich Sorgen machen zu müssen, dass Ihr Geld nicht mehr ausreicht.

LEBEN SIE IHR BESTES LEBEN NACH DER RUHE

Der Ruhestand wird oft als das letzte Kapitel im Buch des Lebens angesehen, aber in Wirklichkeit ist es nur der Anfang eines neuen Abenteuers. Dieser Lebensabschnitt bietet die Gelegenheit, Leidenschaften nachzugehen, sich neu zu erfinden und sich schließlich auf die Dinge zu konzentrieren, die Ihnen am meisten Freude bereiten. Doch so aufregend dieses neue Kapitel auch sein mag, eine der größten Sorgen ist immer das Geld. Wie können Sie das Leben Ihrer Träume leben, ohne dass Ihnen der Stress finanzieller Belastungen droht? Und wie gedeihen Sie geistig, emotional und sozial, wenn Sie finanzielle Sicherheit erreicht haben? Lassen Sie uns untersuchen, wie Sie einen Lebensstil schaffen können, den Sie lieben und nach der Pensionierung wirklich Ihr bestes Leben führen können.

So schaffen Sie einen Lebensstil, den Sie lieben werden, ohne sich um Geld zu sorgen

Einer der befreiendsten Aspekte des Ruhestands ist die Freiheit, seinen eigenen Lebensstil zu gestalten. Kein Wecker mehr, der Ihnen den Tag diktiert, kein Bürostress mehr und kein Jonglieren mehr mit der Work-Life-Balance. Aber mit dieser neu gewonnenen Freiheit kann eine sehr reale Angst einhergehen – dass Ihnen das Geld ausgeht. Die gute Nachricht ist, dass Sie mit sorgfältiger Planung und einigen klugen Finanzgewohnheiten ein Leben aufbauen können, das sowohl erfüllend als auch finanziell nachhaltig ist.

Zunächst ist es wichtig, neu zu definieren, was „gut leben" für Sie bedeutet. Für viele Menschen bedeutet ein hochwertiger Lebensstil, viel Geld auszugeben – sei es für teure Ferien, luxuriöse Häuser oder aufwendige Unterhaltung. Aber nach der Pensionierung ist es an der Zeit, darüber nachzudenken, was Sie wirklich glücklich macht. Fragen Sie sich: „Was brauche ich wirklich, um mich erfüllt zu fühlen?" Sie werden vielleicht feststellen, dass es überhaupt nicht um materiellen Reichtum geht. Für viele Rentner sind es die einfachen Freuden – Zeit mit ihren Lieben zu verbringen, Hobbys nachzugehen, sich ehrenamtlich zu engagieren oder langsamer und intensiver zu reisen –, die ein reiches und lohnendes Leben schaffen.

Ein Schlüsselelement für eine gute Verwaltung Ihres Geldes im Ruhestand ist das Verständnis Ihres Cashflows. Hier ist ein realistisches und gut durchdachtes Budget von entscheidender Bedeutung. Beginnen Sie mit der Berechnung Ihrer Fixkosten, z. B. für Unterkunft, Gesundheitsversorgung, Versorgung und Lebensmittel. Sobald Sie wissen, wie viel Sie zur Deckung des Grundbedarfs benötigen, können Sie die Mittel für diskretionäre Ausgaben wie Hobbys, Restaurantbesuche oder Reisen verwenden. Stellen Sie sicher, dass Ihre Ausgaben mit Ihren Grundwerten und dem, was Ihnen am meisten Spaß macht, im Einklang stehen. Denken Sie daran: Es geht nicht darum, auf den ganzen Spaß zu verzichten; Es geht darum, das zu priorisieren, was Ihnen wirklich

Glück bringt, und verschwenderische oder unnötige Ausgaben zu vermeiden.

Eine weitere Möglichkeit, finanzielle Belastungen zu reduzieren, besteht darin, bei Bedarf Personal zu verkleinern. Vielleicht ist Ihr Zuhause größer, als Sie brauchen, jetzt, wo die Kinder erwachsen und weg sind. Durch Downsizing können Eigenkapital freigesetzt, Wartungskosten gesenkt und die Stromrechnungen gesenkt werden. Viele Rentner finden, dass der Umzug in ein kleineres, überschaubareres Zuhause nicht nur finanziell vorteilhaft, sondern auch emotional befreiend ist.

Darüber hinaus sollten Sie erwägen, im Ruhestand mehrere Einkommensquellen zu schaffen. Während die Sozialversicherung und Ihre Altersvorsorge den Kern Ihres Einkommens bilden können, kann ein Nebeneinkommen aus Teilzeitarbeit, der Vermietung von Immobilien oder sogar einem Hobby-Business eine zusätzliche Ebene finanzieller Sicherheit bieten. Dies verringert nicht nur den Stress, der mit der Abhängigkeit von einem festen Einkommen einhergeht, sondern kann Sie auch während Ihrer Ruhestandsjahre engagiert und produktiv halten.

Unterschätzen Sie schließlich nicht die Macht achtsamer Ausgaben. Anstatt sich darauf zu konzentrieren, mehr Dinge zu erwerben, verlagern Sie Ihre Denkweise auf die Wertschätzung von Erfahrungen und sinnvollen Verbindungen. Untersuchungen zeigen, dass das Ausgeben von Geld für Erlebnisse wie Reisen oder das Erlernen neuer Fähigkeiten tendenziell dauerhafteres Glück bringt als das Ausgeben für materielle Güter. Wenn Sie Geld ausgeben, tun Sie dies mit Absicht – das wird Ihnen helfen, die größtmögliche Freude aus Ihrem Geld zu machen, ohne das Gefühl zu haben, dass Sie Ihre finanzielle Zukunft opfern.

Erfolgreich im Ruhestand: Mehr als nur finanzielle Sicherheit

Während die finanzielle Sicherheit ein entscheidender Aspekt des Ruhestands ist, geht das Wohlergehen in diesen Jahren weit darüber hinaus, nur genug Geld auf der Bank zu haben. Es geht darum, geistig und körperlich aktiv zu bleiben, starke Beziehungen aufzubauen und ein Gefühl der Zielstrebigkeit zu fördern. Denn welchen Sinn hat ein gut gefülltes Rentenkonto, wenn man emotional nicht erfüllt oder körperlich nicht gesund genug ist, um es zu genießen?

Eine der besten Möglichkeiten, im Ruhestand erfolgreich zu sein, besteht darin, körperlich aktiv zu bleiben. Sport steigert nicht nur Ihre körperliche Gesundheit, sondern verbessert auch Ihr geistiges Wohlbefinden. Regelmäßige körperliche Aktivität kann das Risiko chronischer Krankheiten verringern, die Mobilität verbessern und sogar Ihre Stimmung verbessern, indem sie Endorphine – die natürlichen Wohlfühlchemikalien Ihres Körpers – freisetzt. Ganz gleich, ob Sie gerne spazieren gehen, schwimmen, Yoga machen oder an einem örtlichen Fitnesskurs teilnehmen: Aktiv zu bleiben wird Ihnen helfen, Ihre Vitalität und

Energie bis weit in den Ruhestand hinein zu bewahren.

Ebenso wichtig sind soziale Kontakte. Einsamkeit und Isolation sind echte Risiken im Ruhestand, insbesondere wenn Sie nicht mehr regelmäßig mit Kollegen in Kontakt stehen oder Ihr soziales Umfeld über die Jahre geschrumpft ist. Deshalb ist es wichtig, sich um den Aufbau und die Pflege von Beziehungen zu bemühen. Ob mit der Familie, alten Freunden oder neuen Bekannten: Ein starkes Unterstützungssystem kann sich erheblich auf Ihr emotionales Wohlbefinden auswirken. Erwägen Sie den Beitritt zu Clubs, die Teilnahme an Gemeinschaftsveranstaltungen oder ehrenamtliches Engagement – alles, was Sie mit anderen in Kontakt hält und in Kontakt hält. Viele Rentner finden auch Erfüllung in der Mentorentätigkeit, indem sie ihr Wissen und ihre Erfahrungen an jüngere Generationen weitergeben.

Abgesehen davon, dass man aktiv und sozial verbunden bleibt, ist es eines der wichtigsten Elemente für ein erfolgreiches Leben im

Ruhestand, einen Sinn für das eigene Leben zu finden. Ihre Identität mag jahrelang eng mit Ihrer Karriere verknüpft gewesen sein, aber jetzt, wo Sie im Ruhestand sind, ist es an der Zeit, neu zu definieren, was Ihrem Leben einen Sinn gibt. Für manche bedeutet das möglicherweise, Hobbys nachzugehen oder neue Fähigkeiten zu erlernen – vielleicht wollten Sie schon immer malen, ein Instrument spielen oder ein Buch schreiben. Andere finden einen Sinn darin, ihren Gemeinden durch Freiwilligenarbeit oder Wohltätigkeitsarbeit etwas zurückzugeben. Was auch immer es ist, jeden Tag etwas zu haben, wofür man aufwachen kann, wird einem ein Gefühl der Erfüllung und Orientierung geben.

Darüber hinaus ist der Ruhestand ein idealer Zeitpunkt, um der persönlichen Weiterentwicklung Priorität einzuräumen. Dies kann bedeuten, an neue Orte zu reisen, Ihr Wissen zu erweitern oder sich sogar die Zeit zu nehmen, über das Leben nachzudenken, das Sie aufgebaut haben, und über das Erbe, das Sie hinterlassen möchten. Erwägen Sie die Entwicklung einer Achtsamkeits- oder

Meditationspraxis, die Ihnen hilft, präsent zu bleiben und den Reichtum dieser Lebensphase zu schätzen.

Um im Ruhestand erfolgreich zu sein, geht es letztendlich darum, die praktischen Aspekte der finanziellen Sicherheit mit dem Streben nach geistigem, körperlichem und emotionalem Wohlbefinden in Einklang zu bringen. Es geht darum, die Freiheit zu genießen, nach Ihren eigenen Vorstellungen zu leben und gleichzeitig Sinn und Freude in Ihrem täglichen Leben zu bewahren.

Der Ruhestand ist nicht das Ende, sondern das nächste Abenteuer

Für viele Menschen bedeutet der Ruhestand das Ende einer langen Karriere und den Abschluss eines Lebensabschnitts. Aber in Wahrheit ist der Ruhestand der Beginn eines völlig neuen Abenteuers – eines Abenteuers voller Möglichkeiten zur Erkundung, Entdeckung und zum Wachstum. Der Schlüssel liegt darin, diese Phase mit Offenheit und Neugier anzugehen.

Betrachten Sie den Ruhestand als ein unbeschriebenes Blatt. Ohne die Anforderungen eines Vollzeitjobs haben Sie endlich die Zeit, die Welt auf eine Weise zu erkunden, wie Sie es noch nie zuvor getan haben. Vielleicht haben Sie schon immer davon geträumt, die Welt zu bereisen – jetzt ist Ihre Chance dazu. Ob Sie neue Länder besuchen, andere Kulturen erkunden oder einfach einen Roadtrip unternehmen, um Teile Ihres eigenen Landes zu sehen, Reisen kann eine der bereicherndsten Erfahrungen im Ruhestand sein. Und Sie müssen dafür nicht die Bank sprengen. Wenn Sie langsam reisen, in günstigen Unterkünften übernachten oder Seniorenrabatte nutzen, können Sie die Welt erkunden, ohne Ihre Finanzen zu belasten.

Für diejenigen, die einen ruhigeren Lebensrhythmus bevorzugen, kann der Ruhestand eine Zeit sein, in neue Hobbys einzutauchen oder Ihre Fähigkeiten in Bereichen zu vertiefen, die Sie bereits lieben. Von der

Gartenarbeit über die Holzbearbeitung bis hin zum Erlernen einer neuen Sprache bietet der Ruhestand endlose Möglichkeiten zur persönlichen Weiterentwicklung. Viele Rentner empfinden es auch als große Befriedigung, weiterhin in irgendeiner Form einen Beitrag zur Gesellschaft zu leisten, sei es durch ehrenamtliche Arbeit, Mentoring oder sogar Teilzeitarbeit in einem neuen Bereich.

Wichtig ist, dass die Einstellung, mit der Sie in den Ruhestand gehen, Ihr Erlebnis prägen wird. Diesen Lebensabschnitt als Abenteuer zu betrachten, eröffnet Möglichkeiten, an die Sie vorher vielleicht nicht gedacht hätten. Vielleicht waren Sie schon immer neugierig auf ein bestimmtes Thema – jetzt können Sie einen Kurs an Ihrer örtlichen Hochschule oder online belegen. Vielleicht wollten Sie schon immer etwas ausprobieren, das völlig außerhalb Ihrer Komfortzone liegt, wie Fallschirmspringen oder Malen. Das Schöne am Ruhestand ist, dass Sie die Freiheit haben, diesen Interessen nachzugehen, ohne den Druck eines traditionellen 9-to-5-Jobs.

Scheuen Sie sich außerdem nicht davor, sich im Ruhestand selbst herauszufordern. Auch wenn es verlockend ist, langsamer zu werden und es ruhig angehen zu lassen, wird das Setzen von Zielen – egal ob körperlich, intellektuell oder emotional – Sie wach halten und Sie mit dem Leben beschäftigen. Der Ruhestand kann eine Zeit sein, sich neu zu erfinden, sei es durch den Wechsel in eine neue Karriere oder durch die endliche Verfolgung eines leidenschaftlichen Projekts, das Sie immer aufgeschoben haben.

Und denken Sie daran: Nur weil Sie im Ruhestand sind, heißt das nicht, dass Sie aufhören müssen, einen Beitrag zur Gesellschaft zu leisten. Viele Rentner finden Erfüllung darin, in ihren Gemeinden aktiv zu bleiben, sei es durch ehrenamtliche Arbeit, Aktivismus oder Mentoring. Mit zunehmendem Alter wächst eine Fülle an Wissen und Erfahrung, und es kann unglaublich bereichernd sein, diese Weisheit mit anderen zu teilen.

Letztendlich ist der Ruhestand nicht das Ende des Weges – er ist ein Neuanfang, eine Chance, sich auf das nächste große Abenteuer Ihres Lebens einzulassen. Es ist eine Zeit, Prioritäten zu setzen, die wirklich wichtig sind, in Beziehungen zu investieren, Leidenschaften nachzugehen und die Freuden zu entdecken, die sich aus einem Leben nach Ihren eigenen Vorstellungen ergeben. Ganz gleich, ob Sie die Welt bereisen, neuen Hobbys nachgehen oder weiterhin etwas in Ihrer Gemeinde bewirken möchten: Das Abenteuer des Ruhestands liegt ganz bei Ihnen. Nehmen Sie es voll und ganz an und machen Sie diese Jahre zum bisher aufregendsten und erfüllendsten Kapitel Ihres Lebens.

IHR PERSONALISIERTER AKTIONSPLAN

Auf die Plätze, fertig, in den Ruhestand

Der Ruhestand mag für viele wie ein ferner Traum erscheinen, aber in Wirklichkeit ist er etwas, das sich schneller an uns heranschleicht, als wir erwarten. Da es so viel zu planen gibt – finanzielle Sicherheit, Lebensstilwahl, Gesundheitsversorgung – ist es kein Wunder, dass sich Menschen oft überfordert fühlen, wenn sie versuchen, ihre Zukunft zu planen. Aber hier ist die Sache: Es muss nicht überwältigend sein. Der Schlüssel zu einem reibungslosen und sicheren Übergang in den Ruhestand liegt darin, ihn in einfache, überschaubare Schritte zu unterteilen und einen Aktionsplan zu erstellen, der zu Ihrem individuellen Leben und Ihren Zielen passt. Mit der richtigen Checkliste können Sie sicherstellen, dass Sie finanziell und emotional auf dem richtigen Weg sind, um den nächsten Lebensabschnitt in vollen Zügen zu genießen. Beginnen wir mit der Erstellung Ihres individuellen Aktionsplans für den Ruhestand.

Eine Schritt-für-Schritt-Checkliste für den sofortigen Einstieg

Der erste Schritt zu einem erfolgreichen Ruhestand besteht darin, sicherzustellen, dass alle wichtigen Kästchen angekreuzt sind. Die folgende Checkliste hilft Ihnen bei allen wesentlichen Aspekten der Altersvorsorgeplanung, damit Sie sofort loslegen können:

☐ **Legen Sie Ihre Ruhestandsziele fest**
Definieren Sie, was Ruhestand für Sie bedeutet. Möchten Sie reisen, ein Hobby beginnen oder sich verkleinern? Legen Sie fest, was Sie in Ihren goldenen Jahren erreichen möchten, und nutzen Sie diese Ziele, um den Rest Ihrer Planung zu gestalten.

☐ **Berechnen Sie Ihren Ruhestandsbedarf**

Finden Sie heraus, wie viel Einkommen Sie im Ruhestand jährlich benötigen. Berücksichtigen Sie alle Ihre Lebenshaltungskosten, einschließlich Unterkunft, Gesundheitsversorgung, Ernährung, Transport und Freizeitaktivitäten. Vergessen Sie nicht, Inflation und unerwartete Kosten zu berücksichtigen.

☐ **Bewerten Sie Ihre aktuelle finanzielle Situation**

Machen Sie eine Bestandsaufnahme Ihres gesamten Vermögens – Ihrer Ersparnisse, Rentenkonten, Investitionen und anderen finanziellen Ressourcen. Vergleichen Sie dies mit Ihrem Ruhestandsbedarf, um etwaige Lücken zu identifizieren.

☐ **Maximieren Sie Ihre Altersvorsorgekonten**

Stellen Sie sicher, dass Sie genügend Beiträge zu Ihren Rentenkonten leisten (401(k), IRA oder andere Rentenpläne). Nutzen Sie

Arbeitgeber-Matching-Programme und leisten Sie Nachholbeiträge, wenn Sie über 50 sind.

☐ **Schulden beseitigen**
Gehen Sie möglichst schuldenfrei in den Ruhestand. Zahlen Sie hochverzinsliche Schulden wie Kreditkarten ab und erwägen Sie die Tilgung Ihrer Hypothek, um die monatlichen Ausgaben zu senken.

☐ **Erstellen Sie ein Ruhestandsbudget**
Ein detailliertes Budget gibt Ihnen einen klaren Überblick darüber, wie viel Sie ausgeben werden und welches Einkommen Sie im Ruhestand haben werden. Planen Sie sowohl feste als auch diskretionäre Ausgaben ein und stellen Sie sicher, dass genügend Flexibilität für unvorhergesehene Kosten besteht.

☐ **Planen Sie die Gesundheitsausgaben**
Informieren Sie sich über Ihre Gesundheitsoptionen. Medicare deckt nicht alles ab, daher sollten Sie eine Zusatzversicherung oder eine Langzeitpflegeversicherung in

Betracht ziehen, um etwaige Lücken zu schließen.

☐ **Bauen Sie einen Notfallfonds auf**
Auch im Ruhestand kann das Leben schiefe Bahnen ziehen. Legen Sie die Lebenshaltungskosten für mindestens sechs Monate auf einem liquiden Sparkonto zurück, um Notfälle abzudecken, ohne Ihre Altersvorsorgeinvestitionen in Anspruch nehmen zu müssen.

☐ **Bestimmen Sie Ihre Sozialversicherungsstrategie**
Entscheiden Sie, wann der beste Zeitpunkt ist, um mit der Beantragung der Sozialversicherung zu beginnen. Denken Sie daran, dass Sie Ihre Leistungen maximieren, wenn Sie bis zu Ihrem vollen Rentenalter oder später warten.

☐ **Diversifizieren Sie Ihre Einkommensquellen**
Suchen Sie neben Sozialversicherung und Altersvorsorge nach anderen Möglichkeiten zur

Einkommensgenerierung, z. B. Mietobjekten, Teilzeitarbeit oder passiven Einkommensquellen.

☐ **Bereiten Sie rechtliche Dokumente vor**
Stellen Sie sicher, dass Ihre rechtlichen Dokumente auf dem neuesten Stand sind. Dazu gehören Ihr Testament, Ihre Vollmacht, Ihr Gesundheitsvollmachtgeber und etwaige Treuhandverhältnisse. Diese Dokumente stellen sicher, dass Ihre Wünsche umgesetzt werden, falls Sie nicht in der Lage sind, selbst Entscheidungen zu treffen.

☐ **Überprüfen Sie Ihren Nachlassplan**
Arbeiten Sie mit einem Nachlassplaner zusammen, um sicherzustellen, dass Ihr Vermögen Ihren Wünschen entsprechend verteilt wird. Dies wird dazu beitragen, die Steuern zu minimieren und spätere Familienstreitigkeiten zu verhindern.

☐ **Legen Sie ein Ruhestandsdatum fest**
Sobald Sie die vorherigen Schritte abgeschlossen haben, ist es an der Zeit, Ihr Ruhestandsdatum auszuwählen. Dies kann flexibel sein, aber ein

Ziel zu haben, wird Ihnen helfen, sich auf Ihren Plan zu konzentrieren.

☐ **Erstellen Sie einen Plan für die Zeit nach der Pensionierung**

Was werden Sie mit Ihrer Zeit machen? Beim Ruhestand geht es um mehr als nur einen Arbeitsstopp – es geht um ein erfülltes Leben. Denken Sie über Ihre Leidenschaften nach und wie Sie Ihre Tage strukturieren.

Diese Checkliste bietet eine solide Grundlage für Ihren Aktionsplan für den Ruhestand. Aber machen Sie sich keine Sorgen, wenn Sie unterwegs Optimierungen oder Anpassungen vornehmen müssen. Der Schlüssel liegt darin, einen Ausgangspunkt zu haben und mit Zuversicht voranzuschreiten.

Sich an den Plan halten (und was zu tun ist, wenn Anpassungen erforderlich sind)

Einen Plan zu erstellen ist eine Sache; Daran festzuhalten ist eine ganz andere Geschichte.

Wie wir alle wissen, verläuft das Leben nicht immer nach Plan. Der Ruhestand kann aufgrund von Jobwechseln, Gesundheitsproblemen oder anderen unvorhergesehenen Umständen früher als erwartet erfolgen. Oder vielleicht wachsen Ihre Ersparnisse nicht so schnell wie erhofft und Sie müssen Ihre Strategie anpassen. Das ist okay! Was zählt, ist die Flexibilität, Ihren Plan anzupassen und sich gleichzeitig auf Ihre langfristigen Ziele zu konzentrieren.

Erkennen Sie zunächst, dass Anpassungen normal sind. Der Schlüssel zu einem erfolgreichen Ruhestandsplan ist seine Flexibilität. Betrachten Sie es als ein lebendiges, atmendes Dokument, das sich mit Ihnen verändert. Der erste Plan, den Sie in Ihren 40ern oder 50ern erstellen, sieht möglicherweise nicht so aus wie der, dem Sie folgen, wenn Sie 65 oder älter sind, und das ist völlig normal. Das Leben passiert, und Anpassungen auch.

Wenn Sie feststellen, dass Sie Ihren Plan anpassen müssen, besteht der erste Schritt darin, Ihre Situation neu zu bewerten. Haben sich Ihre Ziele geändert? Vielleicht hat Ihre Reiselust nachgelassen und Sie möchten nun in der Nähe Ihrer Familie bleiben. Oder vielleicht sind die Kosten für die Gesundheitsversorgung stärker gestiegen als erwartet, und Sie müssen diesem Bereich mehr Mittel zuweisen. Was auch immer die Veränderung sein mag, nehmen Sie sich die Zeit, sich hinzusetzen und Ihre finanziellen Ziele und Lebensstilwünsche neu zu bewerten.

Sobald Sie festgestellt haben, wo Anpassungen erforderlich sind, überprüfen Sie Ihr Budget. Die Budgetierung im Ruhestand ist von entscheidender Bedeutung, da Ihr Einkommen wahrscheinlich fester sein wird als während Ihrer Arbeitsjahre. Überprüfen Sie regelmäßig Ihre Ausgaben und Einnahmen, um sicherzustellen, dass Sie nicht zu viel ausgeben oder Ihre Ersparnisse zu schnell aufbrauchen. Wenn Sie feststellen, dass Ihre aktuellen Ausgaben nicht tragbar sind, geraten Sie nicht in Panik. Beginnen Sie damit, diskretionäre Ausgaben wie Restaurantbesuche oder Luxuseinkäufe zu reduzieren, bevor Sie drastische Änderungen an Ihrem Lebensstil vornehmen.

Ein weiterer Bereich, der möglicherweise einer Anpassung bedarf, ist Ihre Anlagestrategie. Wenn Sie jünger sind, haben Sie mehr Zeit, die Höhen und Tiefen des Aktienmarktes zu überstehen, aber wenn Sie sich dem Ruhestand nähern, sollte Ihre Anlagestrategie konservativer werden. Das bedeutet nicht, dass Sie Risiken vollständig vermeiden sollten, aber es ist wichtig, ein Gleichgewicht zwischen Wachstum und Schutz zu finden. Wenn Sie sich nicht sicher sind, wo Sie sich anpassen müssen, sollten Sie mit einem Finanzberater sprechen, der Sie auf der Grundlage Ihrer spezifischen Umstände beraten kann.

Vergessen Sie schließlich nicht die emotionale Seite der Anpassung Ihres Ruhestandsplans. Veränderungen können schwierig sein, insbesondere wenn es um Ihre finanzielle Sicherheit geht. Wenn Sie sich gestresst fühlen oder Angst davor haben, Anpassungen vornehmen zu müssen, treten Sie einen Schritt zurück und konzentrieren Sie sich auf das Gesamtbild. Denken Sie daran, dass Sie auch dann auf einen sicheren und erfüllten Ruhestand hinarbeiten, wenn Sie Kürzungen oder Verzögerungen vornehmen müssen. Behalten Sie Ihre langfristigen Ziele im Auge und bleiben Sie flexibel genug, um sich bei Bedarf anzupassen.

Bauen Sie Vertrauen in Ihre finanzielle Zukunft auf

Vertrauen in die Altersvorsorge entsteht nicht durch den perfekten Plan oder ein übergroßes Bankkonto – sondern durch das Wissen, dass Sie die nötige Arbeit geleistet haben, um eine solide finanzielle Grundlage aufzubauen. Es geht darum, darauf zu vertrauen, dass Sie selbst dann, wenn das Leben Sie vor Herausforderungen stellt, über das Wissen, die Ressourcen und die Flexibilität verfügen, um die Herausforderungen zu meistern und auf Kurs zu bleiben.

Eine der effektivsten Möglichkeiten, dieses Selbstvertrauen aufzubauen, besteht darin, sich

Finanzkenntnisse anzueignen. Je mehr Sie über persönliche Finanzen, Investitionen und Ruhestandsplanung wissen, desto besser können Sie fundierte Entscheidungen treffen. Machen Sie sich keine Sorgen – Sie müssen nicht über Nacht zum Experten werden. Beginnen Sie mit den Grundlagen: Verstehen Sie, wie der Zinseszins funktioniert, lernen Sie die verschiedenen Arten von Altersvorsorgekonten kennen und machen Sie sich mit Steuerstrategien vertraut. Indem Sie Ihr Finanzwissen schrittweise erweitern, werden Sie das Gefühl haben, Ihre Zukunft besser unter Kontrolle zu haben.

Ein weiteres entscheidendes Element beim Aufbau von Vertrauen ist Beständigkeit. Die Planung für den Ruhestand ist kein einmaliges Ereignis; Es ist ein fortlaufender Prozess. Überprüfen Sie regelmäßig Ihre finanzielle Situation, überprüfen Sie Ihre Investitionen und aktualisieren Sie Ihr Budget bei Bedarf. Dies hilft Ihnen, potenzielle Probleme frühzeitig zu erkennen und gibt Ihnen die Möglichkeit, Kurskorrekturen vorzunehmen, bevor die Dinge außer Kontrolle geraten. Genauso wichtig ist es, wenn Sie Ihre Fortschritte im Laufe der Zeit sehen – sei es in Form wachsender Ersparnisse oder der Tilgung von Schulden –, damit Sie ein Erfolgserlebnis und Vertrauen in Ihre Fähigkeit erhalten, Ihre Ziele zu erreichen.

Es ist auch wichtig, über ein solides Unterstützungssystem zu verfügen. Dazu kann ein Finanzberater gehören, der Ihnen fachkundige Beratung bieten kann, es können aber auch Freunde oder Familienmitglieder sein, die ihren eigenen Weg in den Ruhestand erfolgreich gemeistert haben. Umgeben Sie sich mit Menschen, die Ihnen bei Bedarf Unterstützung, Rat und Ermutigung bieten können.

Vertrauen in Ihre finanzielle Zukunft entsteht auch durch ein Sicherheitsnetz. Der Aufbau eines Notfallfonds ist, wie bereits erwähnt, eine großartige Möglichkeit, sich vor unerwarteten Ereignissen im Leben zu schützen, ohne auf Ihre Altersvorsorge zu verzichten. Wenn Sie wissen, dass Sie für die „nur für alle Fälle"-Momente ein Kissen haben, können Sie nachts besser schlafen.

Und schließlich behalten Sie das große Ganze im Auge. Es ist leicht, sich in den Details der Finanzplanung zu verlieren, aber denken Sie daran, warum Sie das tun. Im Ruhestand geht es um mehr als nur Zahlen auf einer Tabelle – es geht darum, die Freiheit zu schaffen, Ihr bestes Leben zu führen, Ihren Leidenschaften nachzugehen und Zeit mit den Menschen zu verbringen, die Sie lieben. Wenn Sie sich auf das ultimative Ziel konzentrieren – einen sicheren und erfüllten Ruhestand –, werden Ihnen die kleinen finanziellen Entscheidungen, die Sie unterwegs treffen, leichter fallen und Ihr Selbstvertrauen wird auf natürliche Weise wachsen.

Letztendlich geht es bei Ihrem personalisierten Aktionsplan nicht nur darum, finanzielle Meilensteine zu erreichen. Es geht darum, eine Grundlage zu schaffen, die es Ihnen ermöglicht, das Leben, von dem Sie geträumt haben, mit der Gewissheit zu führen, dass Sie finanziell vorbereitet sind. Wenn Sie Schritt für Schritt vorgehen, sich an den Plan halten und bei Bedarf Anpassungen vornehmen, sind Sie auf dem besten Weg zu einem erfolgreichen Ruhestand, der Ihre Hoffnungen und Wünsche wirklich widerspiegelt. Denken Sie daran, dass der Ruhestand nicht nur ein Ziel ist; Es ist eine Reise, die sich im Laufe der Zeit entfaltet, und mit einem soliden Aktionsplan können Sie diese Reise mit Zuversicht und Freude meistern.

Wenn Sie diesen aufregenden neuen Lebensabschnitt beginnen, nutzen Sie die Gelegenheit, neue Leidenschaften zu entdecken und bestehende Beziehungen zu vertiefen. Der Ruhestand kann Türen öffnen, an die Sie nie gedacht hätten, und mit einer gesicherten finanziellen Zukunft können Sie sich auf das konzentrieren, was Ihnen wirklich wichtig ist. Ob Sie sich ehrenamtlich in Ihrer Gemeinde engagieren, einem längst vergessenen Hobby nachgehen oder mehr Zeit mit der Familie verbringen möchten – die Möglichkeiten sind endlos.

Vergessen Sie nicht, Ihre Meilensteine auf dem Weg zu feiern, egal wie klein sie auch erscheinen mögen. Jeder Schritt, den Sie in Richtung Ihrer Ruhestandsziele unternehmen, ist ein Sieg, der Anerkennung verdient. Ganz gleich, ob es darum geht, Ihr Sparziel endlich zu erreichen, sich einen Teilzeitjob zu sichern, der Sie begeistert, oder einfach nur einen entspannten Tag ohne Arbeitsverpflichtungen zu genießen – nehmen Sie sich einen Moment Zeit, um Ihre Fortschritte anzuerkennen. Diese Feierlichkeiten tragen dazu bei, die Stimmung hoch zu halten und die positive Einstellung zu stärken, die für den Genuss Ihres Ruhestands unerlässlich ist.

Berücksichtigen Sie bei der Vorbereitung auf diesen neuen Lebensstil außerdem die Kraft der Anpassungsfähigkeit. Das Leben steckt voller Überraschungen und die Fähigkeit, sich bei Bedarf umzudrehen, ist entscheidend für einen erfüllten Ruhestand. Seien Sie offen für neue Erfahrungen und bereit, daraus zu lernen. Egal, ob Sie sich zu einer neuen Leidenschaft hingezogen fühlen, Ihre Ausgabegewohnheiten ändern oder andere Orte für den Ruhestand erkunden, die Akzeptanz von Veränderungen kann zu unerwarteten Freuden und Chancen führen.

Es ist auch wichtig, mit Ihrer Community in Verbindung zu bleiben. Der Aufbau sozialer Kontakte und der Austausch mit anderen, die ähnliche Interessen teilen, kann Ihr Ruhestandserlebnis bereichern und Ihr emotionales Wohlbefinden steigern. Treten Sie Clubs bei, nehmen Sie an Kursen teil oder nehmen Sie an lokalen Veranstaltungen teil, die Ihren Leidenschaften entsprechen. Sie werden nicht nur neue Freunde finden, sondern auch ein Unterstützungsnetzwerk aufbauen, das bei der Bewältigung des Ruhestands von unschätzbarem Wert sein kann.

Denken Sie zum Schluss daran, dass Ihr Ruhestand ganz Ihnen gehört. Widerstehen Sie dem Drang, sich mit anderen zu vergleichen oder sich unter Druck gesetzt zu fühlen, den gesellschaftlichen Erwartungen hinsichtlich der Art und Weise, wie der Ruhestand aussehen sollte, zu entsprechen. Jeder Weg ist anders und

Ihr Ruhestand sollte Ihre Werte, Interessen und Träume widerspiegeln. Vertrauen Sie auf Ihren individuellen Aktionsplan und die harte Arbeit, die Sie in die Vorbereitung auf diesen Moment gesteckt haben.

Halten Sie beim Voranschreiten Ihren Geist offen und Ihr Herz engagiert. Der Ruhestand ist ein Abenteuer, das darauf wartet, sich zu entfalten, und mit Ihrem Plan sind Sie bereit, das Beste daraus zu machen. Das Leben nach der Arbeit kann reicher und erfüllender sein, als Sie es sich jemals vorgestellt haben, voller Aufregung, Entdeckungen und neu gewonnener Freiheit. Machen Sie sich also bereit, nehmen Sie Ihren neuen Lebensstil an und denken Sie daran, dass das Beste noch vor Ihnen liegt. Glücklicher Ruhestand!

www.ingramcontent.com/pod-product-compliance
Lightning Source LLC
Chambersburg PA
CBHW031632210526
45464CB00004B/1858